Word Puzzle Fun
for Fishermen

Word Searches, Crosswords
and More

by Emily Jacobs

How to use this book:

Most themes in this book have a word scramble puzzle, and a word search puzzle. Some themes have a "matching game" or a crossword puzzle.

Words are vertical, horizontal, diagonal, forwards, and backwards in the word search puzzles.

Word scramble puzzles can include more than one word scrambled together. The answers to the word scrambles are the list of words to be used in the word search puzzle. The list is on the next page. The list of words is (mostly) the same for both puzzles.

The answers to the word searches, crosswords, and matching games are at the back of the book.

Work the puzzles for one theme at the same time, at a different time, or by a different person. Whichever puzzle type is your favorite you will enjoy being reminded of or starting a conversation about the different aspects of fishing. These puzzles may cause you to want to go fishing or plan a fishing trip. If you put this book down to go fishing, it'll be here when you get back!

Find more entertaining books for all ages at

www.booksworthbuying.com

Find more books by Emily Jacobs for your enjoyment:

Sports Word Searches and Scrambles
Word Search and Word Scramble Puzzles
All About Football

Sports Word Searches and Scrambles
Word Search and Word Scramble Puzzles
All About Basketball

Sports Word Searches and Scrambles
Word Search and Word Scramble Puzzles
All About Baseball

Sports Players from Pennsylvania
Famous Athletes Word Searches and Other Puzzles

Sports Players from Virginia
Famous Athletes Word Searches and Other Puzzles

Football Word Search and Other Puzzles
Football Players from Ohio 1920 - 2014

Football Word Search and Other Puzzles
Football Players from California 1920-1990

Football Word Search and Other Puzzles
Football Players from California 1991-2014

Missouri Sports Figures
Word Search Puzzles and More about Missouri Athletes

Word Search Fun with Football Players from California

Enjoyable Geography Lessons
Word Searches About All 50 States and Their Symbols

Arkansas Word Search – Word Search and Other Puzzles
About Arkansas Places and People

Colorado Word Search – Word Search and Other Puzzles
About Colorado Places and People

Missouri Word Search – Word Search and Other Puzzles
About Missouri Places and People

Ohio and Its People
Ohio State Word Search Puzzles and more

Pennsylvania Word Search – Word Search and Other Puzzles
About Pennsylvania Places and People

South Carolina Word Search – Word Search and Other Puzzles About South Carolina Places and People

Virginia Word Search – Word Search and Other Puzzles About Virginia Places and People

Washington Word Search – Word Search and Other Puzzles About Washington Places and People

Animal Word Search - Pet and Farm Animal Themed Word Search and Scramble Puzzles

Cars Then and Now - A Word Search Book about Cars (American and Foreign)

Cars Then and Now - A Word Search Book about Cars (American)

Cars Then and Now - A Word Search Book about Cars (Foreign)

Bible Word Search (Old and New Testament)

New Testament Word Search

Old Testament Word Search

Everything Woodworking – A Fun Word Search Book for
Woodworkers

Food for Fun - A Food Themed Word Search and Word Scramble
Puzzle Book

Fun With Movies - Word Puzzles of Favorite Kid's Movies

Heroes in America – Word Search Puzzles of People
In Our History

Mandala Design Duets to Color
An Adult Coloring Book of Fun Mandala Patterns

Introducing You!
Self-Journal Questions to Get to Know Yourself

And for the little ones in your life:

Letters and Animals Coloring Fun

Puzzle Titles

Fishing Gear

ELNEDE OSNE IRLESP

_____

IBET RIAICDOTSN _____

ETCLAK BXO _____

TNRIREGS _____

ORD _____

BOSERBB _____

HKOOS _____

FIELT EKINF _____

RWMSO _____

LNEI _____

LESRE _____

TNSE _____

NRKSSIE _____

BTAI _____

SULRE _____

Fishing Gear

```
                        Q
                      L V
                      X O F
                    R E L N Y
                    H R C U P S
                  O C S T T P M T
                P P B U Y I W M G F
                O R X Z S O B V M V R
              S M S V Q P K E O H A E D
              Z L M L H O Z F G P L L Z K
            V O M E E Y T J I G N L U Q W P
            Z H Y T E K W M N K Y W N R D L G
          W U S O J V R U A K D F M Y Q E E T M
          H M N L X R K M X T B U R Z F C S A T N
        S R E B B O B X M F E T K O G S Y I P W B W
        U K Q X B D L O Q V L F W R U H U O F B W S C
      M O V P R G F B F S A I P K A F L J F Q N P S R U
      T R T I D X O S M H V F W X Y L O L V S J R Q Z V R
    N F T E Q W X T I X G Y A Q O N G X D R R K B P H U X
    J S L L O R F S G H O N E O D K T D T O H E Y B W X O E
  H A U I N B I H E A C H C B H G E E L S R W C A K T Y A V E I
  N D V T J N Z F N P O C N N E Y N J H H T L I I Z N H J O T Y V
  Y P B U G G V J K R I R R E T E L N O C J Y T O L J N I I U L W T O
  G N M U E G W X F S I N S C G N E K A T R Y I R L G A K S U D D W N M
N S Z I R V S Y P R U S Q X B K T S F C Z N W A P Z U W H K G X C K C D T
T D T Y G A U J L S Z N O D B S L G G V A H Z B M B T F S E Z O W Q U H H Z
K E P V L X L E T V E W J N C H U D M W C B T D R W A Y H K X F E O F J K G Q M
                        B
                        Q
                        A
X L D D F I W E U C R Z B M P X D T C Y I B Q I W K L L G K C B S G X G N L O T
U T G Q D O U G W O H B E D O X J V P M M U N B C F D E O P G H P R U F S W
E C F Y Z O Q M F T E T V R J A W L B E X W D A E T R B Q S U E Y M Q K X N
W Y U X X B G Z U X T B D X A E K A J H A I P F Z M B D K E Q Z A O B D
K O C U B Q H M K J F Y O A B S R O T A C I D N I E T I B T O G O D T G
Y R U T L W U R K Y R E G P V N X T M N X V B X Q Y H Y H N H H Z Q
K N M L W D M R U W O G N O A A D O G R T E O C L N N X R Y D W Z S
  U W S C X K M S L S R E I L P E S O N E L D E E N Q A A L M A B
  S O Y M B P U M T G N O R L X S E Y J J R Z H O K U J J U X Z C
```

WORD LIST:

BAIT	HOOKS	NETS	STRINGER
BITE INDICATORS	LINE	REELS	TACKLE BOX
BOBBERS	LURES	ROD	WORMS
FILET KNIFE	NEEDLE NOSE PLIERS	SINKERS	

Boat Names

LOUEDNRF DUONPER _____

UTILVRA ELRE LYATI _____

DACHBEE SYOBU _____

AWTSH UP OKCD _____

LGEANR RNEGDAL _____

OKDCED AEWGS _____

SESA EHT AYD _____

FFO AD OOKH _____

RLEE TSATEE _____

CDO UDSQA _____

TNEB DRSO _____

AIOSHWKM _____

VSILER IGINLN _____

EELR GMAIC _____

BALI TOU _____

AFSLRHITIAIL _____

ZZEHSFI _____

ROF LERE _____

LNPA B _____

LREE YSBU _____

Boat Names

```
                              M Z G
                              K O V K
                              O V J B
                                O I C P
                                H H S V
        C G E C P X D             J P A N            I H R M F H J W
      N M B Z Z S W M V     Z L U G D N F     D L G O L E H X S Z
        R P H E D H W I M A A A S D W R F L K A L J O B B D G S O Y
      N Y Y A N A Y U X B D N K I R R E O F S G R U E J P N W E W R M
      H D E W T J E Z V K B P L L O B R E T O S N T D S Q N R A V E Q
      M I O E X R J L L N G I I W X H X X W Y D D G W I L R E H S X G R E
      K B N J C E O Z Y U Q M S S E S M U G P U E C Q U O F E V U T A N F F G
      Z A K T C O D D Q T P F R S K L E D V Y R M E W S F L I L R H I Z S V Q
      Y O Z Z K O S L E M I Q V Q O V Z E Y P P D I S F E K W S N E D V G C M
    O B C Z P O W R C D K W L U M G R H Z O C U K Y I S Y H V V H D E O K H Y T
    H W X E H A W R O I U Q I A Y W H U U I W O C N T V R X B C R A G X A S E V
      O E J B O I P C A F M N M L L Z D N W L H U A A W E Y T I G S Y L U L I M J
  M I D T X Q W K A I C X P I R E E D D X G I S T T Z Y W S U D L Z L W J W S U K
  G M N Y B C E Y G F Z I I O G F E E C Y M C E I O C Y Y H U A Y Y L S G O T V X
  Q W U V N D N G A U J U V U D R C D R B Z R K U F S F S T A W S Y B N J K P E T
  P Z J L W S R W T X N E M X O M I D K L S R B U Z N P S O Z T Y Q I M L A B V I
  R C B A E J N F R O W U N E L G A A I F A I S O T D D U H C Z S N E W Q M V Z M
  G D G W H E J F E B U B P A V E K K C G S U F J S X E A V N H I U U L Y R D B K
  D E A O N K R B G A R Z P Y C M Q C E N U Q T F O Y X U I B L V C P X J W C W H
  S X A T O G U R B K C T E X N Q O N T K T T J R E N H X A R Q R P N D U H E T X
  D Y R C B Z N Y O M V N R J Z Z N O N B T V E J I M I H E J C E F K K O E N P Z
  T K P N K G S U C F M L J W D I J M Q E Q W D U Y V E V T G C E O N E G C M C F
  I G O M E T G Y Q E W M T J C G L P I A V R Z I E E L S W X X L Y Q W P N K F A
    G M F R M K H J R R A J P Z I J W U C Z C G X W I S G O O Y M T T S T K R M
    F A N G L E R D A N G L E R K F A R H P M P D S U D P W M X A V A G B R V B
    K P C I M O O E O N E R V A H B E U E E N K Z F J Z K O V Y G Q D Z M P D C
      B O C G G V A R X E P L H P D Q Q D R J N F N Q D A C B W I X X F Z L X
      M D D P Q K G R E R D B N R A X U B Q S U U V Q M O R R Y C Q V Y J P J
      A N N B Q Q L J V B T Y I E T S U V B C U I H D D V V Z N R D B H K
        S B D B B C J V C B J N X J N O C D H X Y S M D E A Q W J P U T I
        B Y B U T R K U W V Q B Z M O Y V K C C Q H X L F Z D J X K D S
          G S O H G T A Z K M E S U H S M N V U F F I U B A I L O U T F
          Y E B G A H M E X Y E S M M N D F A Q Q O D H G E M M P W R
            L K P W X   J N P A Z I N H D K D C W   V C Q Q F Q
                      J H R I P Z I Z Z B Q
```

WORD LIST:

ANGLER DANGLER	COD SQUAD	MAKOWISH	REEL MAGIC
ARTIFISHAL	DOCKED WAGES	OFF DA HOOK	SEAS THE DAY
BAIL OUT	FISHIZZLE	PLAN B	SILVER LINING
BEACHED BUOYS	FLOUNDER POUNDER	REEL BUSY	VIRTUAL REEL ALITY
BENT RODS	FOR REEL	REEL ESTATE	WHATS UP DOCK

Boat Brands

LICGERA BAY TACS

_____

ONKRMA AMREIN _____

OOBSNT ERHLAW _____

AHDRY PROTSS _____

KMROES FARCT _____

ABLOC STAOB _____

UALAFTRCAM _____

NPOD NKIG _____

RAISGNTY _____

IHURTPM _____

ASLNYV _____

AISFLHSI _____

ULND _____

Boat Brands

```
        J X M R Z U                              T H R K V L
      T U H H H C Z M D                        P D Z F Y I P T P
    P X L A A I M O F Q C                    U G J X R B Q D X L C
  U S Y I L Z N Z B T I O F                W T S I Y L D C J Y I T A
P U T A R A L W B F K G B M M            A I C N M E A K L O X U Q K D
X D R D L M S B H G T N L G B            P O E N I R A M K R A N O M N
L B A O M L P H A B P R I A R I B      F O H S U H Z D Q R B F T W M P T
Z F Y P I V Z J D I Q T M B X C S R    I S N I U T Z S X T D E B Z B D Z O
C N G S Z V J N E H L R B O K C W A B A W D K U A E R T Q J S L Y N Y Y U
G M I A R A A I W I K F U A L U N T I Z F K R A Y G D V I A J V K F S C A
Y W R R X Q U I N J G E I T M V V S D U R I A Y U Y I G W N C R W A T N D
K A U D P K X S P R L R F S U B Q W J D U N K O M K R Y Y S G V X R D D A
U A F Y M R L C L X A A X U H L M H H K J G I A V H N E A A Y R I V E Y H
N I U H K V S I K X C A J H C S H A N S W X P K D D O L X W B U A A N G M
X B H A P E F Z X O I X A L U M A C R A F T W E X L E A K F M J N Y I S F
N X R W P U H K X E Y X T P N F T N Q O A B L I U Z K E P T X C W L R
B X T X G R K N Z R E U T U Y A F W P I O S M J Q X A H A B F C S Z C
H L J I G G I Y I B B D X T K Q I I E S B S Q M G Q D S F G M F B P Z
  P M I I H N Z Y A K E N Q G F H C T Q R C Y I S C Q M N J E U D G
  F F J P V I L D Y G X N U Y U C O C D V Y K L O L X O F Q B Y T L
    O L Z O L R Y C B C R L L F N X K H M K P W V K M K N B T G W
    H H H Y L M I A I D E T P W U J H L M A F T Q A X E N A V U W
      M H W W I H T F W S O H Z R P Q Z D N Y R W H N R T O E Q
      T Z N D M Z S X F C A R L O J A I P G L I G W H C X A G D
        Y B T T X K F A L T V X K U L V T C Y O U J T R I H K
        E A B X C S E J Z J Y H L G A G B F V I D J A M M
          X L B J D R L V P X V N F D K B F T B L W L F B L
          E T Q C M M D Z P E K F R B O U H P M C I T H
            S O L V I X E Q O M R U O S A V M R L R Q
            K B P Z W G S W P Z P Y W W V M K C Y
              Z I O G S P H K Y G H S D S U A W
              M S A H K C M W B L G G H Z G
                Y C F A O U Q S A U B E P
                K M W L X J N K S H T
                  J W A H W U B G M
                  F T P U D S M
                    L X F Y S
                    L Y N
                      B
```

WORD LIST:

ALUMACRAFT	HYDRA SPORTS	SAILFISH	TRIUMPH
BOSTON WHALER	LUND	SMOKER CRAFT	
COBLA BOATS	MONARK MARINE	STINGRAY	
GLACIER BAY CATS	POND KING	SYLVAN	

Boat Brands Too

INECCFPRRTA   _____

OPTNSRSMA   _____

IRAMCRTOFR   _____

NSRRIETCLE   _____

WCTORARA   _____

FERLDWACT   _____

AES ARK   _____

APNMCIO   _____

ARTEKCR   _____

YIRLGZZ   _____

TSTAORS   _____

OLANSR   _____

ITONR   _____

Boat Brands Too

```
                              D
                         O    E
                         H    Z    A
                    W    A    P    T    O
                    I    P    W    E    Y    U
               X    B    S    I    G    F    K    P
          B    C    F    U    Y    W    Z    T    O    Q
          Q    E    U    L    L    D    M    V    U    Y    K
     D    S    U    Z    Y    U    I    K    Q    T    X    N    Q
     T    V    Z    Z    N    G    W    Z    R    C    E    H    U    X
H    G    I    W    Z    W    G    R    H    H    M    M    E    P    K    P
M    R    C    I    Y    Z    U    I    Z    E    X    P    A    O    T    K    H
Z    G    X    T    B    M    S    C    Q    S    J    T    L    S    O    R    F    D    G
S    P    M    F    X    T    P    S    V    O    F    Y    L    T    A    C    T    Q    J    X
X    Q    B    E    A    X    C    Q    R    O    R    G    J    F    Y    T    N    K    I    Y    L    J
D    T    S    C    R    U    T    S    N    O    I    P    M    A    C    G    F    V    U    N    Y    E    J
H    U    A    F    K    C    C    C    F    G    J    A    G    B    E    I    M    K    S    R    E    H    D    W    P
X    E    E    C    E    O    Z    T    F    A    O    P    C    O    J    X    M    N    B    H    C    U    R    Q    H    W
Y    S    B    X    F    V    R    T    L    X    R    R    N    A    I    Q    I    R    N    Y    L    W    E    L    F    N    J    X
V    E    N    B    V    K    R    L    D    J    E    G    C    Z    C    I    P    K    F    Y    Q    E    H    Q    Q    D    K    Y    V
X    Z    T    Q    G    N    O    I    J    H    E    K    A    B    E    Z    G    I    F    R    W    K    Z    Y    T    V    I    E    E    L    E
V    Q    A    J    R    V    O    M    P    G    X    C    V    T    H    C    J    P    X    Q    A    I    S    J    N    M    S    V    D    V    V    K
L    C    D    V    Q    D    E    Q    I    I    T    S    A    W    H    O    E    N    S    H    Z    R    A    D    R    T    F    A    R    C    D    L    E    W
F    A    W    K    U    G    H    Z    V    A    F    D    R    N    Z    W    A    C    I    E    M    J    V    E    D    M    F    X    S    H    Q    N    G    L    F
A    E    Q    G    C    J    S    F    M    J    T    K    T    T    T    N    L    W    M    Z    R    N    X    U    K    S    P    O    M    U    D    A    R    G    W    C    U
J    K    D    X    Y    N    A    Z    C    Z    E    T    R    U    C    I    Y    R    N    P    S    P    T    V    A    T    X    X    O    J    O    O    L    B    P    C    U    G
L    G    L    S    U    H    N    N    X    G    J    Z    K    J    W    J    G    C    W    C    F    W    X    Y    N    B    I    Y    A    E    Q    J    V    O    M    A    T    E    T    N
                                             I
                                             K
                                             I
P    J    J    M    V    P    S    D    S    I    T    S    H    T    Q    X    G    Q    F    Q    G    N    F    U    W    I    X    T    W    E    T    S    G    E    K    T    L    X    Y    N
K    F    H    P    E    O    P    Q    Q    B    C    W    A    T    L    Y    J    T    U    B    Z    S    A    B    J    N    V    G    H    U    Y    F    K    U    V    Y    V    A
O    F    F    R    T    K    L    O    K    C    L    I    Y    V    X    P    M    O    A    J    H    J    N    S    S    K    O    N    P    U    A    Q    D    D    W    D    W    X
D    U    F    S    B    A    J    R    V    T    W    M    U    O    T    N    N    M    C    Z    P    O    X    D    X    B    Q    M    S    R    L    L    D    U    X    Q
Q    B    Q    B    K    R    P    O    T    Y    A    H    K    U    B    R    T    R    H    W    T    Y    H    R    R    E    N    I    L    T    S    E    R    C    X    Z
V    C    J    A    S    K    F    O    S    N    J    W    R    K    Y    E    B    R    A    O    M    U    S    Q    O    D    C    Z    P    R    Y    P    D    M
T    G    I    G    O    W    F    D    O    M    F    C    V    A    K    G    L    R    W    U    R    K    I    F    W    R    V    K    Z    A    W    O    V    S
X    G    V    N    V    X    M    Y    J    A    X    Q    M    Y    U    T    E    U    A    D    R    G    J    V    K    R    L    M    F    T    Y    L
T    Y    A    A    M    X    S    O    N    V    N    A    Z    A    S    X    F    K    B    V    P    A    P    W    I    W    P    U    B    C    D    V
```

WORD LIST:

ARROWCAT	LARSON	SEA ARK	WELDCRAFT
CAMPION	MIRROCRAFT	SPORTSMAN	
CRESTLINER	NITRO	STRATOS	
GRIZZLY	PRINCECRAFT	TRACKER	

More Boat Brands

FSRTTAARC MIRAEN

_____

RIRSHA LEBFOOTTE

_____

ONRALAIC IFKFS _____

ISYMT ABROHR _____

TDUHROCWK _____

DFIHTPNRAE _____

SSBA ACT _____

EEKTERS _____

RERNAG _____

IEPRTSR _____

TNROIT _____

WOEL _____

More Boat Brands

```
                U N X M U X K D F M
              B G J H I O A Y C X R D K R Z P
            I I F K T U Y D T N N Z R T K I C N L W
          G S N K R C X H K F I F Z R B S I A Q B K I
        V Z P F M O O S S Z X K M R C E D T U W Z M V O K W
        S D Q R B W Q F O H K I L F C T W T P X P X S T F P H S
      W S G X R K A Y L M P N I I C R P G E X F R E T E E K S X H
    W U U L R C B A X D J J B Z K M Q L G X B B N K A Q R V K R O P
      F I U X U U E S         L A H W E D R S         D P T R X G S O
    I A A Q D X U C F         M E V Q Z H P F         T E E T O C K N K
  B O F I F X V P Y Q         E K N K G Y S A         A F B T Q C L J N T
  I R X L M G Y Z N S         Q K N I J J H I         U L D N Z V A Z E C
  C H E Z R R V G F C R       M Q P Q R M K G         A U Q M H L L O U T U
  J T A P X G Z U S E Z       E U W J L A Y F         O B C Y I I O N B L J
  T R V J I H Q Q O Z W       E Z S V S H M W         L H T X A I A W I K C
L U E Q S C D X C R E F       L K U D X D P T         K E S W O K D Y B K I I
B F D E R B I G E M M S C K V S Y N T E Z V V X F P V N O Q N D G A W C G K S H
Z C N E H O E A L M S N A F D A G L P R V P B G G A K C U S O D X E D Z F T W U
Q B I A N X V X Q O O T I S J O H P P Z D T U P D B R B N C T Q H R D A R G J D
H J F D B O N D E Q Y H P O Y M Q L T X K R J B L D K C U Z W I S Z X I C E Y O
E G H O B N S S K Z G X A H W Q I E J V V L U X X U U J R B J I N Q P Y K E I L
T H T A E O T K H T E O Q L Q Y W N V F L D G Q P N L Q X A E W P E R I Y O T K
G H A A D S P J I W C B F O P O C W A S Y H G L Q Z E E W Q T X R D O V Z B F S
R V P V C Q    Z O P N P E G U O N X U F F D C N F L N N Q L Y S I    M W M F M L
H O A Y Z T    L P N Y B F Q U Y C M Q C V X A G N U I D R F K I F    N V S O B Y
  I B V G C    G A D K Y Z A Z S G C I W W T T X V T H Z I D U    B U Z T Z
  G S R H S    G Q D H S D E T O B E T O L F S I R R A H T    A N X Z B
  R U H A U W                                              I S K M Q Z
  Z A S H V                                                Q V S F R X
  W N K U Y M                                              W I M C A J D
  V R Q J T U                                              K S V A A I N
  L A I C R S E                                            D S M D Y T T C
    S G Y I Z I I L Q Z B A D D E L Q V O F D D N Q H D D N L F U S
      V Z E L E M K W V N S X P Q Y P Z Y A N F M G K S N W G Z O
        E D S T F F I K S A N I L O R A C R V R F R U L U L W M
          S E T Z Z B B V W H U R F G X L P S J E F U Z X C L
            N O L M J Z E K H S V B X N Q E Q G C E O M K S
              A X J Z D H W T N E R G L P N Z I E H D
                U Z C N I G X T X Z G A W U B N
                  E Y C J O W U R S U
```

WORD LIST:

BASS CAT	HARRIS FLOTEBOTE	PATHFINDER	STARCRAFT MARINE
CAROLINA SKIFF	LOWE	RANGER	STRIPER
DUCKWORTH	MISTY HARBOR	SKEETER	TRITON

Bait

SGSRSAOPPEHR   _____

EICCHKN SVELIR   _____

AIBNTSESPNIR   _____

RCTSIECK   _____

CNVOEIASH   _____

SCRAHIFY   _____

SIPNRENS   _____

EECHLES   _____

ASRESIDN   _____

NWMINSO   _____

FSIEL   _____

SIGJ   _____

ORWMS   _____

PGUSL   _____

SOOSNP   _____

Bait

```
                        M
                      K W L
                    S A B R Z
                  Z U E K Y Q H
                Y W S V N J B V N
              E V Y Z F R L X C M H
            L S T E K C I R C Z K S N
          B S I Y I A X S D R T H I O S
        Q O Q F L G V S S F U O G F E B U
      I Q I L S B P P T T F W G T Y Y B B L
    I K A K M E Y N I C N O Q E V A E M Z X O
  H B A L I D D E A C X F O Q Q D R W W V P S P
E X B T N J P E B C O R S M F N L C K G W W U G F
D P F S N G C K R N U H N S R E V I L N E K C I H C E
F H M I O Z H S E R W C G E O H O V M D S P V C C X Z H N
W A I C W O X L N A A I L E B S R S M D L P Z G F K N M R L Q
Y F N Y S Q P W N F V R P H Z X Q F H J M S T S J Z E Y C J G S U
L J E T U Y D B I O L G S D E G S W C A T N A N C H O V I E S Q Q C J
G N S U Y K W J P I U X H A F I U X L X E U E T Y Y X B V R G Z V K H R
  Y B S D L         N F S M O         I S N T N
  D Y L P I         P E G P Q         S A J Y F
  P N R Q Q         Z O S E K         U M B G M
  K V G B V         G Y O H U         J C N R F
  U S V E W         G J C L V         R F H A A
  W L M V B         W V V T J         S T E S O
  C N N R M A K W U I U W V K P Q T Y N X B G E D G S M
  N I S U O X P S O S Y Z G J P L W P B D U A C V A H W
  S E R J D W D K L T M M U P O V A B U L V E D A B O N
  P Y E Z U Q I U P N G V Z K G S A T P W I J K E M P G
  W E N S Z         D P K Y I T R B E M S H T F P F
  S Y N L U         X O V L G M L         N E E M
  E Z I J B         B L F W V S S         A E R I
  Q F P D T         E K Y Y G A U         V C S J
  I W S U Q         N A V K I H N         O Y I Q
  F O N B O         I Z X M X F R         S G W T
  V A W X C F P Y L N W F D G F I S O     N   S M W J
  T K T C D N L A M J U L D K Z A E A         A B A A
  G Z M P D Y P I R S X P O T J L R Y         K E N N
  L B Q F Z T S T E G K U J N A J B G         N J N Z
  B Z D C F V J D E S K U R I U D H R         K H S S
```

WORD LIST:

ANCHOVIES	FLIES	MINNOWS	SPINNERS
CHICKEN LIVERS	GRASSHOPPERS	PLUGS	SPOONS
CRAYFISH	JIGS	SARDINES	WORMS
CRICKETS	LEECHES	SPINNERBAITS	

Hard Baits

YAB RTA   _____

LILB WSILE   _____

ORMBEB   _____

ATEGRTLEIV   _____

ONNITGLVSI   _____

UYKCL ARCFT   _____

UHRL ESENJN   _____

ZOMATU   _____

MAESSBGA   _____

RUOILMRRE   _____

APRLAA   _____

ASGVAE AEGR   _____

EAS TSKRIRE   _____

ROPS   _____

MTSRO   _____

SKIERT IKNG   _____

YO UIRZ   _____

OMNNAR   _____

NANMS   _____

BELRE   _____

Hard Baits

```
            O C S I C N                              M F V R C U
          C L R B R V W N B M                      O S S P V G Y V A F
        P Q I P A A E Z A O V M                  C Y N O X Y N H L C S I
        Q Y V H L W A B B S N V V                G M T U J T A F B W Z N G
        Z T E F L I M Z M C L J V                R W F F R K F Q M L K E Z
        H R T B N B J M B O B S F                L A P L B C L A K P B Z I
    P K Q I   D A W Q Q T E O T B E H            O K S V L S W R R C O Q   N X O F
  H M C Q Q F   R I M Y I R U Z O Y S            R E S E V G H R K C I   S C Y A R O
  E I Z B R Z I G P U V P G P D H E A            D W Z T A Z G E I H Y N K Y J E N U
  Z U S N E C C A E N Z Y Z D K J Z N T          I D E U U S A B H G A K S G X L I B T
  Q A C B E A J V T N K Z Y O J O U M J          I I Q P M O T M O E V P C K Q Z B U E
  G A E V J S G B A N V W I A P I C I T          W P N V D O E R H W R A T U E N L R O
  A L Z Z E J N M I F C R X F K F Q G Y          N M P L N G K O I O I Y A H L L U I P
  A K Y L J J R E H M Z A Q X O W O H W          W V C R A O N S L K U U E C A L S C U
  S W Z Q K O X T J K S F P G S B N S D J W B W M B Q G I H T G E V I O O S Q U K
  R Y T N I I T L R X B H I S D Z Z X C G N I A I F R K A S Q X R L R U J P W
  J V A D Z Y N U Z H V L D F N I L P P V I S L Z O E I C I Q X X R Y Q X M F
  C G V B K L I D T U M O T V T G B K R S V F Y F L D D C N Y I T O Z K P
  Q X C T U B Q L I L U H C N T N M S P O H K V O G X O L M R I F B O
              F Z W N V I H Y N Y N O
              W R R H Y X K C I Q C Z
    K T F O P X Q M A T Z U O Z K F H S E L Y O Q B U H K S B K Z X G O
    K L Y N V C Z B A U V R X N T J T F X W K E E J E T H L U N R U R X E F
  T H X I U A P Z A I Q O V J V F P Z N U R J I D T E I K F F V D R V H F P A
  L O I X L J V I J T L Z M N Z N Z O Y H Y K G R E R Q S N N A M E F P U U R
  M J O Q J B Y N J J Q J L L E V O T Z L Y R T K R T Y D U F M M A D M X R K Y N
  R C J I O W U P Y W T G R L D H S Z H   T F L M O S Z Q T C I B G Z G R K U M
  O S M S L F Y W M X B Q D Y E G U K I   F K L D N R F K A K D C B V A W H U W
  T P Y D Z R J O F I M K R S N W B W D   O K D M D O T F R I D G V E Y F D U J
  S Z P V M O T Y V W S F W I F P I P U   X Q J J K I I Z Y L H W G N B F S J D
  N D O J Y W D R F Q I T V Z S C H S B   F P J N V B P B A W Y E H J F J F F T
    G S G P U J K K M C I T L N J T D I   N F P E Q P Y Y B J G L B A A C E L
    J X H M Q I   N R L O Q N V N X I T   I Q E C Y T H G M A N   W C Y M I
      P Z J P   S T I F R Z C E T I W Y   M A L A P A R K V P C K   R V S
          Y E E W R T R K F R A Q D       V R C Z I R J A O V M C D
          S G N W D J R J C X V Q U       D X T R V Z S S L K T B G
          L O I F S Q A V H U U T O       F K I Y R H S V Z Y K G C
          R O D W L H A F U D R B           E Q C J Q Z D A J I I E
            O N E H H G T A R V             E L P W E R A L J V
              G B D C C K                     N V N F W I
```

WORD LIST:

BAY RAT	LUCKY CRAFT	MIRROLURE	SEA STRIKER
BILL LEWIS	LUHR JENSEN	NORMAN	SPRO
BOMBER	MANNS	RAPALA	STORM
LIVE TARGET	MATZUO	REBEL	STRIKE KING
LIVINGSTON	MEGABASS	SAVAGE GEAR	YO ZURI

Hooks

MORW _____

UTSPOCO _____

RAITELOBHD _____

IWED PAG _____

ETERBL _____

NRIGPS OLKC _____

DROP HTOS _____

ELCCRI _____

SIWVEL TOHS _____

SFFOTE _____

ICVTLAER PRDO _____

UESCKR _____

IJG _____

EELNSDL _____

EWGIEDTH _____

MISATIWB _____

OPNE EYE _____

Hooks

```
                                O N
                                Z M
                                M R
                                H O
D                               O W                                    V
Z R                    J I F W J O G K              H B
  P O              D B T K B E F I J E U Y            W S
    Q P        I J S O S U O A G J Y R B F D S        I D
      Q S    Z M C H N M L K D N B L N T M R L Z    D G
        E H A N S S Y E W R E T N G R N M L U O E Q
        O B O L M N K W L I X C L K T R S F G G Z U
      U A J E T Y P C V Q L U G U S Z Q P U A N S K M
      I I V D Y S A E X M O E X P F H W Y P P U Z X G
      R N I X U Q C A B Y V E S D Z K V D V Y C O B J H Z
      Y W V D W S R U Z S T P Y D Q I E C O K V J T V D D
      S U P E R E D S R P K E B S E X L O E X C N I C A F
R R B K O R G E T S S E M P C W T O R B H B R M A I L M D O W H O K J X
J H M C O F G U H M O R Z K O Y A S C B U E T S M E Y E N E P O H C D A
      R F R G H A J P P O F C O K N I R V J B F K F K E K
      W M S I O R I M O E Z E J B L Z T G I B J P J N Z M
      R U Z E A H W V R F E Z L K A F A L R M D U R Q C L
        I A W T H Z B D J K G M K V N P B R E L N I C B
        B S P R I N G L O C K O C T P V H W C D D H T N
        Q A U C K F A A W O Q A R H K B V M M J L P C N
          Z S D X J B C K Y P W T D L C K L R E B O I
          S Z J H D Z I V F O C I B L T R Y L R R E H
        A K V J T O X T R J A D A D O L K C Z E V W T T
      E J      R Z W E R T S D B B X L F R I Z P F      X I
    M X          K Y A E O N E C M W U I E Q X K          L A
  K Y              G V W B N J I G C P Q L                  W B
  Y                  L W T Y W W G A                          Y
                        O S
                        B O
                        D F
                        R Q
                        M B
```

WORD LIST:

BAITHOLDER	OFFSET	SWIMBAIT	WIDE GAP
CIRCLE	OPEN EYE	SWIVEL SHOT	WORM
DROP SHOT	SNELLED	TREBLE	
JIG	SPRING LOCK	VERTICAL DROP	
OCTOPUS	SUCKER	WEIGHTED	

Lure Brands

OFORSFHE LNRGEA _____

LAPARA _____

STIERK KGIN _____

RYEKBEL _____

AOOYBH _____

EERLB _____

UMY _____

OSRMT _____

GILOVTNSNI _____

OOMZ _____

EMSAABSG _____

GYRA AMMOOATY _____

EILTGVTERA _____

TYCKRUCALF _____

UPTCLIR _____

Lure Brands

```
                        J
                      T Z Y
                    M Q G Q K
                  X G G K L A D
                W E J H X Y G K B
              W Q M S A Z U T H O B
            V S P N H J R F I A O F L
          W C D A F N W A E W T Y W K V
        H R C B Z O P R S G D L A Y O X K
      X G P P I J P C D G C P G H S A J O E
    M R O T S W I Y T O F E Z B N T V B V K P
  B N R K B L I K V M J R Z V X X D V S N O H U
U D V I U J L C L W Q A F E R Q V Z O B T B Z F K
J H Z T W F Y U C W I Y O A Y K F O M T U V L D P D E
L T Y R Q F B L A W G D V A Y W T T X G N P R F C P R A Z
K C Q R V W G L F O N I G A I H X G R R Y T F L S B U K Y U J
M I H D G N N J X Q I M D R U I N G J T O L U Z I B X E L N X Z L
I W K G E S Q D B I K A A X B U K B G P D K Y V M U M V M G P L W Z R
V Z X I X T M A O B E R K L E Y Y L R O S N W R S D I I U E X S R Y S Y E
K K U M L R Q T W X K M M E S M U A F A S K T D X N P O G M Y T N U I E D I X
W I H O A U B K I B E O R W M G G G F U S N O G L P W E Y G K Q E J T P T
A V Y F F H R W C G R X K D A J L B H A I M N R D D Q S E H Q M M T U
N I D K T C E G A M C K S Y M N K P Q I I L J M S M X R O X C M F
X O S C G F K B N G B O Q I O F F S H O R E A N G L E R O S Q
G T Y A J D A Y F T S Q Q J V C Z S W L A U L N O I C C Q
J O E A X S C Q L S U Q E M X Z S C U G M D T B W T B
Q M L R S Z M T X I Q G A T U X V I P P T P I M L
M A H C H O C N Y I L V E L F E P B T B R I J
X M R C W O Y M A L X G H B J E P Y T Q J
Q A L R W M P U W S R N F V D J P U T
U Y W X A W Z S E A E W Z F B H X
K Y R L I U D X T O Q U C L W
W R K L N J L E Q C Z E A
K A H K Y B V S I B D
H G H E U I R E T
I L F D L R H
C R P U A
R P E
J
```

WORD LIST:

BERKLEY	LIVE TARGET	OFFSHORE ANGLER	STRIKE KING
BOOYAH	LIVINGSTON	RAPALA	YUM
CULPRIT	LUCKY CRAFT	REBEL	ZOOM
GARY YAMAMOTO	MEGABASS	STORM	

Weights

LCMA HOTS

_____

LISP YETSL

_____

PIIPNFL

_____

RHOPODST

_____

LKEE

_____

GTNTUNES LAIN

_____

LADE RFEE

_____

SSFENIE

_____

NERUBOC

_____

OWMR

_____

DMAIDON OPRD

_____

LOLGINRT

_____

IPTLS HOST

_____

IILNNE

_____

GEG SSNRIKE

_____

Weights

```
            F  L  I  P  P  I  N
         G  D  S  J  P  C  I  I  A
      H  O  A  R  Z  B  Z  I  X  L  R
      B  Q  C  E  S  L  I  D  L  R  U
      B  V  Q  K  B  I  R  P  C  O  M
      J  M  C  N  A  O  U  S  K  Q  G
      H  B  N  I  P  T  E  A  B  D  J
         X  X  S  Z  O  Z  M  N  X
      U  Y  J  H  G  V  H  P  C  M  S  V  O
      I  A  F  O  G  G  E  S  R  W  E  L  I  B  M
   G  C  E  T  L  U  E  N  M  B  S  K  B  Q  Z  F  M
   G  N  I  L  L  O  R  T  A  V  O  X  G  B  I  G  Q
M  L  G  U  C  O  E  Y  P  L  J  L  T  U  L  R  R  E  N
Q  C  Y  W  D  A  E  U  L  C  W  U  P  A  J  L  J  E  Z
Y  B  Y  D  X  L  R  I  A  R  N  F  M  Y  N  F  H  X  N
K  R  N  Z  I  E  F  Y  S  G  V  D  K  B  I  P  G  T  E
V  L  N  S  R  B  D  P  S  C  K  J  A  N  J  W  K  I  D
Q  P  V  Q  B  A  T  M  Q  N  A  E  M  J  Q  W  H
   W  J  C  Q  E  R  A  Q  J  S  I  E  K  P  R
      R  R  N  L  I  G  T  S  D  C  R  Y  Y
      M  J  N  C  P  B  I  E  E  Y  Q  L  E  V  Y
   Q  W  A  G  F  Q  T  R  M  R  J  N  B  Z  C  J  N
   J  I  I  L  Y  P  M  F  R  G  L  E  E  K  U  T  N  R  F
O  R  L  C  X  E  Q  Z  W  F  K  S  T  J  S  V  I  N  U  H  H
U  M  T  V  M  F  L  N  M  O  L  G  O  L  L  A  P  M  P  O  U
O  N  Z  D  P  Q  O  B  Y  F  K  Y  X  N  A  I  B  O  Q  S  L  B  C
Q  P  A  L  O  F  L  U  I  F  U  D  L  A  K  P  K  B  T  Z  Z  X  M
A  M  P  N  R  M  E  I  G  G  N  Z  C  T  B  S  M  L  U  H  O  Y  H
O  J  P  L  D  A  X  N  E  S  S  C  B  V  M  T  J  Y  I  Q  X  X  S
Q  R  N  I  D  H  A  T  I  D  C  K  E  H  E  Y  P  P  C  H  A  P  B
E  I  K  E  N  U  W  D  C  L  K  I  J  B  S  L  W  M  Z  R  L  K  Z
   X  A  D  O  V  T  I  Y  X  N  O  N  I  U  E  P  V  R  I  Z  I
   R  R  L  M  V  P  U  L  D  B  I  G  S  Z  B  C  P  T  O  B  X
      F  S  A  N  V  R  L  C  C  V  A  U  I  V  Q  S  N  N  W
         I  I  P  V  J  C  X  Q  B  U  N  F  Q  H  E  V  Q
            D  Z  C  P  Y  R  F  B  U  D  B  O  V  V  I
               K  Q  M  T  U  Z  U  J  T  D  R
```

WORD LIST:

BOUNCER	EGG SINKERS	KEEL	TROLLING
CLAM SHOT	FINESSE	LEAD FREE	TUNGSTEN NAIL
DIAMOND DROP	FLIPPIN	SLIP STYLE	WORM
DROPSHOT	INLINE	SPLIT SHOT	

Line Types

BAIDR
   _____

NTLNIOFMAOEM
   _____

LNAIONF
   _____

LORORNABFUOC
   _____

NNOLY
   _____

ROPCEP
   _____

NOMEL
   _____

ALDE ORCE
   _____

IABDOEBLAREDG
   _____

TUMILENALIMFT
   _____

LYLVNPOYI EIDHOLRC

   _____

AKETRNA
   _____

REWI
   _____

SAIELNSST SLTEE
   _____

TATIMNIU
   _____

Line Types

```
                        G K Y
                        G Q J Q
                          I C N F
                          M Z N G
                          L L A Y
          C V L I W M Q       N L E G         Y A M E A S S F
          Y N L Y H Z F T C   J M S K A Y O   B L D L W L D C G Z
          D D C V E G L S E Z M W V T M G D J A A S W R B W F I S O Q
        L Y Q K T O U D N Z A S C P Z W W C C J L V B H P H V V N H V J
        K S T Q X O B J X Y T Z X V M N X T O O M F A K G R K U U A M S
      Y X U U N R M R Z A B E G L K O J O T H E R F H E X G M K B V X N L
    W Z J K Z O F A G F I T Z R S W C K V S N O P E E T X H E L H E X O I A
    A Y C I C S M Y P J V P S Y Z K D I R A R R H M R N K Z S R N U I H F M
    D W M A K U H X E B M F Z F M P M L O G Y C L S Q Y H N A O W O R P O Y
    Y N J R H Y R W G R T H H O X N A Y B F P Q T R N T F P H A Q P M Y F N Z I
    B I B Y Y N F T M A U Z A Y W L C E G C G Y W V M E O N D C S F K Z B A V K
    U O P D Y R O Z T N E M A L I F O N O M N R P B L S A R P O U D G Z N N L G
  Q N F G B B E T L Q X I F W D I U K S N S R O E Y Y H L V B I I G P D X L F H N
  O P O N R B E F S Y S X R T S V G Z B X U T K N P K Y Z B Y X A I V P M Q X F M
  F C C D D A E Z B F N X G B J Q O A O N L S J X X P J V H Y I R J R E K X E S Y
  G G Z J M C M S U F P R R E L R P Q K W P Z P S P V O J X G N A C U M O V W Z M
  O M U I N A T I T C B A Y B P N Y B N E J V X O C A M C O C R K J H F C E B M R
  S V U L Y W A F T G I V Y R V N B F D X P C L D A K O O E Z O N K N H W I P U F
  L R Q G X X S T P D N N F D G D E H T U N Y H B X T I N P P W E Z B N O A M X J
  U B Q D Y T P E W U K N A P K I Q M A W V U W S A Z J U T B K T F E D T G G H L
  F X R U H N C L D W N F S B K Q S W P I H M G G T I H Z Y T B O N E A B A R M S
  Q M T A Z E B O N F S U Q B F Q K B N K Y G T T N Z S I Q I P Y G E L C O P A V
  H K V Z Q M Z Z R S G Q R W G D N Y T I C I F S S K M X O D I R C Y O L B H V B
    I A O J A E V I Y D J Y L W W L F V B H Q Z F X P R Y K L A P G O C H P J Z
    Q M G N L I T W E G T M Y H C B E X V R Q A A B O R D R D A V A U R I L H B
    Y M W I I U N B A S D S H H Y F E J F B E L H Y S S E A N W Y Y J S W N H R
      I C M F N V F J B T U L H U H F O X D U I T I T K B Q U J R M F K K B P
      U Z U I B M H H C F O X P Z F D B Z Z W J M Z S L Z J Q Q M J Z Q A C H
        C R T S S J S H R S U U A R U K Q L G C K W E I Y C N O H M T F B K
        P L R G L J I Y R B N U X Y K B R E E L E E T S S S E L N I A T S
        F U V N V D B J V J B R O T E W H D N Q Y M I U N H I T G O J Y
        M K B E J I K U T Z N C T K Q U O I O A I A K B Z U Q B J Q S
        W B W F E U H B Q R B M C J B H Z A T M Z D W L C P E H Z T
          G Y M T A   E P Q P F P B T G H Y L J   Q X Q G V L
            H A C P P I L E R I W
```

WORD LIST:

BIODEGRADABLE	LEAD CORE	NANOFIL	TENKARA
BRAID	MONEL	NYLON	TITANIUM
COPPER	MONOFILAMENT	POLYVINYL CHLORIDE	WIRE
FLUOROCARBON	MULTIFILAMENT	STAINLESS STEEL	

Reel Types

OVONANLCTNIE   _____

EIC NIFIHGS   _____

STAIGABCNTI   _____

NNIPNISG   _____

LFY IIFGSHN   _____

LTNOIGLR   _____

SNPCATIS   _____

Reel Types

```
                                        N
                                        D
                                        N
                                    L   Q   M
                                    C   H   G
                                    X   M   N
                                X   E   K   I   N
                                Y   O   D   T   B
                                S   B   L   S   I
                            L   V   E   Y   A   S   Q
                            D   K   C   K   C   Y   G
                            Y   I   H   I   T   O   R
                        Z   C   Z   J   C   I   N   T   G
                        E   G   V   Y   M   A   I   X   U
                        N   A   Z   O   A   B   L   J   F
    P W Y X T D X E W B S H A J I N O S B U J S N S L G W N W W C Q R P C T H E M
    R B N E Q K C O U P C E N Y E E C C W R V Y A T F L A N O I T N E V N O C
    Z E N I K A F L Q N L S Z F P Z F O Z J B K U O U T R A M I M M D
      C J J V H T L I L U E Y O C X E U W P Y V S Q I X V K N T I D
      T S F K H P Y G L F W C D S N Q N K N B B H E K O R S Y T
        C C S E L F M H V T J K X H P H T K J C Z V Y A F
        E Y T T S I X B I D R D N C A Q L Z C S R R H
        Q E O O P S C A F Y S Y M F G F E U M T H
          S R A A H J I D M G C V N A D J I
          O Z T S I X P F C O L I V E A
          T Y S Z D N Y T H M L H J D E
          O Y A P Q U G P R G X S P I H
          Q N C N K Z Q I L N C I L R S
          M E Q N P T I G C R M Z F W C Y Q
          V F R I X E F O N Z A M E U U A G
          F O X P O P P M R I V C C Q J C N
          R T G W S R M N I     N L V I M O O B M
          K C B E H M O         V L C S Q P Z M
          X U H N R D             O V K U O F
        B W W Z I T               R D Y U R D
        B Z G I R                 T O X B S
        D C D                     Q E F
    I T F                         G A A
    P K                           Z W
    S                             B
```

WORD LIST:

BAITCASTING   FLY FISHING   SPINCAST   TROLLING
CONVENTIONAL   ICE FISHING   SPINNING

Reel Brands

BNOWNGRI NFISIHG

_____

AKRSSHEEAPE   _____

AUB CGAIAR   _____

AVN TSALA   _____

SBAS ORP   _____

FERPLGUE   _____

INASHMO   _____

UQTMAUN   _____

KUTTECD   _____

BCLSAEA   _____

KUAOM   _____

YECKHE   _____

OCZEB   _____

WADIA   _____

TADNER   _____

NPNE   _____

OBTRI   _____

WESL   _____

Reel Brands

```
X W T J V D D I I P G N F Z R R Y S U W Y Z C H H A P Q F K P Z Q H U B B M S E
D C H X L U O P G X E B W P T B Y O O U A Z X S H H S X B O J T U W W B B U W V
T P E Z C M A G T G D W K C E L E K H B N K X S X I O A H A Y R J P J R J E H R
A M C K U L Z P T P B B Y R S Z A W D J E P N U C T O A S B Q K F O Z A W T
A Z E Z P Z Q O R T H T B S W H S E U Z J D B Q L W X Q Y Y Z S O E D W R Z M I
O T M K T Z G X A F U M G P I M Q D R Y K L L J S A S W Q L N P K X N K I V W
T M V H Q D I C L J E Y O M G H Q F M C W C W R Q P I M M C E Y C R A I U Z Q R
Q F E L C O R H H Z P D A H O V O V Q G T Q H F O V Y J L X Q G E Q O N O L D K
R A C A T B O J L G E N P U L Q C R M P S V C I F X Y P Z R F F R T M G E J L N
X Z D O M N V H U N O A Q J I R B B J E L A I B S I V R I X Q D I M I F M G V S
B M A C A W V C S G J J A D B U E P N Y N N V L N X F C N K H U F T N I E Q Q N
E G Y U B E S W C M K S F A Y M Z Z B J O U E K T K J S V N U R N V R S M A R H
M M K X Q K I U Q E H R T P U Y H E P V S V Y H V C V Z A J A Q S Z C H N H Q I
R M G F M O L Z W T W E E B M F Y A L P Q X W E Y M A P L Z M N Q Y U I V J Z F
A X B L C V S E G H K L M E X U V Z H W X W I E T O U X W S N X J Q C N Q D T T
O I N V F C S G X Z M Y M E Y G H E H V D G X V F B Y H J E G Y R Q L G O T Y T
N M C N T U Y S V J T E W G G T C I B L O S Y R D E F B P N G W G W X M D T R U
W N L R T N E D R A P R I Q P T P T U Y R G Y Q W Y P N F H J I S M F A W O Y G
H F H B A E O F E B H P I E P J V Z T F S I P E M M Y S N W Q I Z M O F I B V U
I W Y P R G D G E V S K Q B E Y N H M O K Q E V H V T W X P Q B G W O J B P Y D
T N V Y E X U V Z U E N U Y R J Q P Z L V T F I R L D E A B U B C H C A C F C L
S A A F P J S B P S Y G A T K X I U O Q M Q W Z P S A L A E G A B V C W L I H W
R Q B J V B S Q A J K P M O P E I H B S P H P F I N V A H T W K F T B K I Y P N
U I P G E Q W X M J Q B K Q A U E A O M Y O S H E S V X T N M I F C Z F L J F F
K C D E R K G J A O E U J N K Z G H P I Q Y Q K F M B K E S H M Z E M H O B H J
E D E G A K L N V U M X L E R X M N C P S R K C O U I E X H N C H F N O O L Q U
D I I G E P A R W A T N K P T L E A K J A X S W A H I Z X D F A P I V U L O D P
Y R Q Z P G H T R C H U N L L I X N S Q D F Q D G R H A G J B H V E N D I S C S
Y P L B S G I N R E C M G E S M Y A Q C R W L A X O Q U N J Z J L G W O Y A B V
P E Z D E G P Z K W N N M R N Z P Z H V U C Q N P Q H J T W M P P A D Q B H R E
L Q L H K M W E G A C I U R E G E U L F P R Q B I D F Z E J Y U Z O F E C L D W
B H Z O A I F M S Q K A I Z Q E I P S N Z A A F J G F W B J M Y Z F L C T F O I
W G P V H U X F C T S H X B Q V W U R T M J A B V U A M M P A M G A O L A N V P
F F H U S Y X Z B X R H M D H D V C W H U X V A R A D U J X D S S H N Z W U Y S
B B V N O G F V J I J V D W X P Y M Q S E T L D B O T E G X M J K A Y A I A E U
Y Z K R Y J E A R Z Z K S U D O Q Z J W U A C Y V N X N E F K Q E D I Q A O X I
G E H F O U Z X U X A M Y X P P I N C H Q Z L X A G B L U T X A A R S L D E C Z
X T G P V B V G S B S K J D C Q P L F H K S V U S Y F Z S X H Q J K S M O G I M
D N F L K S I S P D P Z F P P P C U I L H E Q U Y X V W E E K D Q T W V A N N Q
P R J B X P P T G O L P O V H C L L T D C P T H K Y L K Q H Q T M E Z Y D D J V
```

WORD LIST:

ABU GARCIA	CHEEKY	PENN	TIBOR
ARDENT	DAIWA	PFLUEGER	VAN STAAL
BASS PRO	DUCKETT	QUANTUM	ZEBCO
BROWNING FISHING	LEWS	SHAKESPEARE	
CABELAS	OKUMA	SHIMANO	

Rod Brands

TSLSIAR   _____

EAND   _____

OLOP   _____

LEBKREY   _____

LMETLCIH   _____

ROARCT ISXT   _____

ATIC   _____

WAADI   _____

LUGY TSIK   _____

CEOH   _____

LEOWLP   _____

IFENKCW   _____

UNKANN   _____

YGESR   _____

LLANED   _____

DARYH   _____

NENP   _____

AMOSNHI   _____

ITNEGRNDO   _____

TS IXCOR   _____

Rod Brands

```
                                        C
                                    G   T   R
                                  Y G P K V
                                E Y E U Y O T
                              S A N L P D J Z O
                            E R N E N O S B N E N
                          I E B D Z S Z O X O X J E
                        L L T K E T Y X F P T J J K N
                      O H V V X W Z Y B B Y G Y Q G L L
                    C O M B U G B R T K U I N K E Q A L S
                  X F G S D F K D H L R S E I M W H T P Z Y
                X B D D O V K Y I T W H Z U D K L F F U Y L E
              E J T A N H Q N C J T M X M C E F F E I T C D O R
            S K X E I Q N K N L N N S M N Q R H G M Z M S L C W G
          F W M J T W D S A N H Q F Z Y T O N C N B X S H S T U B R
        V S I J M V A P R S E H O U V K L B W W B P I A F E N W I C K
      Y W Q G R H J Y Z H S O F E O B R M G V E W K T N M R L G I S L V
    B L J C B X P L A C I T M W P L N G I V U B M M S H Z B G D T X V V V
  T T N P M V R S Z W P U T K O W R P E V R D T H J T F R X R C U X S F A N
X S G H F G F L P W G Z N T D U J S Z N W H I G H K O L S Q R Z Y K X A U M E
  D J D H U W P F Y R F T H A O S A D L T G A V O Y R J R O D J K C E G Q R
    K H J E P K O S Y K V W P Z Y M E F G I A R B Q R S I W R N Y F S P T
      V E D L X C Z L S S O P V E L O V K P G P D O A X C G L G X Z L Y
        H N C D Y I K M H L T I A O A I R Y R X Z Y C N D V H J W L J
          A E U T A Z T W A Z N W C X N X A I B E D S U W S Q R E R
            G O J W X C V D D Z L G H A G W T L L E H C T I M W O
              E N M P X C U E Y V R O N N O E S V V O W P U O I
                H A B S E S I V J P C C A P I R L I J S P P L
                  B M J Z L X K S P C P N M Y B F I F W O Q
                    P I Z G O H C E L H N J D R L O S R S
                      M H Z L B U V S I U E O K A R M Y
                        F S Q G E W P Q K Y J I B R C
                          T U R L J E X R X E E M I
                            Z G S L J C Y B R B L
                              E A Y G C X K T Q
                                I O A D L Y D
                                  H M E E Y
                                    Y A S
                                      D
```

WORD LIST:

ANDE	FENWICK	LOOP	SHIMANO
BERKLEY	GREYS	MITCHELL	SILSTAR
CARROT STIX	HARDY	PENN	ST CROIX
DAIWA	KUNNAN	POWELL	TICA
ECHO	LELAND	REDINGTON	UGLY STIK

Waders

CTEHS   _____

PHI   _____

ERHRTE   _____

SMMIS   _____

AECABSL   _____

SKNOTOGIFOTC   _____

TOINGDENR   _____

EADDRHE   _____

IHTEW RIERV   _____

DDACSI   _____

AOGDHMN   _____

VSORI   _____

OPR INLE   _____

GRFGO SGTOG   _____

ONJWBAE   _____

Waders

```
                                    J
                                    W
                                    J
                                M U W
                                I S S
                                Z T R
                              E U S E D
                              A K M V A
                              N Z D I A
                            J K X Y R Z M
                            X N X G E R B
                            S F U F T O I
                          S M G Q K I R C M
                          F M L F O H Z S C
                          C A M A R W J A J
H I B D H H B M V N B I W N X O M A I B M B A Y M U C P O H Q A X F F O M G W
  C A D D I S D N P J Z J E W Y N I C S E P U W D S Y I O I Q F V C F G Z P
    Z A P M Z C R Z Q G I P P P S H L F P N O B J J R G Y V V R Z X Z
      H J B F O M F V B I S R J G A H P F N F K O V I D A E H D E R
        Z Z M B P W V S O X O R S L B T S E H C I N A K Z D I A W
          K H I C L C I H L Q D R U V C P Y S J W E C F I G
          F O A Z F J O I Y Q F X S T G S Q Z A E Z Q J
          G D Q N J A N Q N P J O E W V V W D Q W Q H
            G J S S E I N T W T E F P M C W F
              M I K P Y Q Q L U J H F F V C
              T A L T O O F G N I K C O T S
              P T N A A R B C W Q Z Z L I W
              S C Q D O W S H C G F G T K Q
              R C Q G E T W Z S R G E R I H B D
              E S N R X S F G G Q E K E X W E B
              T J J T R N G C G J E D H C R G A
              U R Q S N C O Z W   N P P I E R S K M
              X E J D E T T       R M Z N W U F H
              O H B C G K           R N G P M G
            M G F K G J             J L T L A M
            N P B O N               L U O S N
              F M R                   Q N G
          B A F                         M F R
          Q Q                             G M
          F                                 T
```

WORD LIST:

CABELAS	HERTER	ORVIS	SIMMS
CADDIS	HIP	PRO LINE	STOCKINGFOOT
CHEST	HODGMAN	REDHEAD	WHITE RIVER
FROGG TOGGS	JAWBONE	REDINGTON	

Freshwater Fish

ASULLMMTHO SBAS _____

EACPPRI _____

ARNOBWI ORTTU _____

AMOLGERHTU SSAB

_____

IFUNHSS _____

MDRU _____

ROBOK TUTRO _____

WEAYLEL _____

CRPHE _____

LSLCEKRRECHA _____

TCFSHAI _____

IHWTE SSBA _____

EIKP _____

OLNMSA _____

ELLLGIUB _____

NWRBO TUOTR _____

KEMLNUUSELG _____

Freshwater Fish

```
        D R V B N V                              Y T Y D V X
        P I A Y X Y T T G                      N I W V Z Q R V T
        V R P Z J N Z J I J T                  A Z K H A M N V U G N
      K H D S C M O Y V A L U D                P T E X C U H Q X A M M U
    T Q Q F H Q O L D B H P O Q L              A Q E C M S H P N U P B U C J
    M S J M E B P R C E F Z R C U              B L F Y K O P Z S R H V A U R
  G G P X X L R Z C Z G U F T W R T            D W X V E W W Z I T E S O X D P U
  U Q I S A L I Z T B C R A N Q Z A H      S H G K L P L F H V R S I J T X E R
  M N F M E C N U P H U D L W Z F T P S    S E D L C N Q J V M A Q F X Z X Q O
  Y R I G K R O I V E I S P O Y T R A P    X W U C N Q H J W B O E T G A Q T P
  J E M E H A I R A R Z M A R G S B J S    I N Z F T M G V H A O N A R Z M W G
  S H D R G C T V A E H H S B D E V Q G    G E K Y X G P T W N L P C K S J R N
  G B V N O K B E M I Q N U M T H A S E    N I N F U N U P B L X L V G X Q F J
  Z H N N Q E X F T G N D T I T C Y L U    T E N J A O V E R E K N E M M X Y F
  V F J S F R Y F O I G B H L M D I K K    V U C X M O Y R L C V N F Y C K T H
  T E X H K T V L Z P W O W W Q T U M O    T O L X N D C Z I C B Q P E W N
  W R I Y G N J H P B Y S W R W G D D S    M L R E S X H X V F B A Y P E L
  N R R S G P P J M J G G X T S G V L S    A B L T Y N P P Y X S I K V L Q
    U D I P W S A L M O N N H R I D H M    P E A S K R R C J O T Z O I R
    C C E N F C M A M K Y X B M O H S J    G K Z W H O W X Z F X T G H H
      A Y H C A D Y I S S N O L A U D G    E C U S U K O I G M T E E V
      E X I Y T H Z Y G M H O S O H T Q    N Q Z S F B O R R S U O I G
        U C A Y C Q D M V I H R Q F Q N    I U Y A W H G B B L T L E
        M W V I Q E U D V E Q Z Y S P T    G D O B S F B G B W W N S
          X S W L R P M N M F X V P A Q    T L Q H J C B S U Y R Y
          Q U A H R G V M H D K I F U E    J S T H D N U S V F
          J X N M Q E K D Q Q I L Z H S    V R U H U W P W A K
            H A F O T B Y P W R L X X W    B N O E L H U G O
            Y K I U D I E J M B H X H B    V M P B N Q U
            R W S K A U G V V D V X Z G    E N S S B
              Q E H I C I R I G X B X Y    G E G B
              L Z X P S S F S Q U Y E R    Z D
                D E U J Q Y F L X V W A    T
                M J L U X H W T S W L
                M Z C H R A G J U
                A U L J U L X
                  C C N I O
                  V S P
                  W
```

WORD LIST:

BLUEGILL	DRUM	RAINBOW TROUT	WALLEYE
BROOK TROUT	LARGEMOUTH BASS	SALMON	WHITE BASS
BROWN TROUT	MUSKELLUNGE	SHELLCRACKER	
CATFISH	PERCH	SMALLMOUTH BASS	
CRAPPIE	PIKE	SUNFISH	

Saltwater Fish

AINTG AVLTYREL _____

OATRPN _____

IHASLFSI _____

AOWOH _____

OYLNILFEW UATN _____

EISFBONH _____

MHIA IHAM _____

ILARNM _____

UBLNIEF NAUT _____

RSHFDIOSW _____

BLHATIU _____

SSAPIHN EECAKLRM

_____

HORSTOFESRI _____

DORDAO _____

AES BAREM _____

Saltwater Fish

```
        B K G N L T                          K A H Y C A
      M R H Q E S Q O W D                  N G Z R W M I J S U
    W X U P F M K A N C L G              A F V D J D T U E C E Y
    X Y I T O W V M S E O C T            R F C I D M B L I T Q Z X
    U Q N G S R H G X Y F U Z            T Q S V T V X A M E T R Q
    L P E Y V S J I Y L T N K            S D U V D K B X M V F T S
  C F K J   X O Q I Y P G F K O W V      T I B W A W X E P A N L   E I O K
  B Q S H Y S   I F A A T R G M S W I    R O P G H U B D E N E   D F K Y U I
  C M W K C O F R I J N V Y J G P D F    A R D H G O U N B Q W R S K C P F V
  C N V E G E J E U O X U G D S E B K P  G I K I C W U X C Y X K B B L B U E H
  B R J D I Q T T W P B T K D D T Z E P  M F B N L D A L V D C C N A F W T T S
  O O N J O S T B E G B N L L T X X L L  M G V G R B O S G H H U O V E K K T B
  J C O N O R R K L R V I R K Q D D B D  D X A H H V I F Q S E V O U Q S P T Q
  U C P O E M A U H J Z F Y M U Z Y W I  O L G S X K F W O H U S H I C J W O T
  G C R V C T N D K E O E M X M T S U B P L T W V T B O B G S Y W T A I Z S Y F A
  X A L N J H A O V F U W I N L C P I H A M I H A M B K F Q O T R W P Y S B M
  V T U C V K W K R I L I T H E Y W A P I B K Y S M B L G V J D H I D K C J W
    M F B Q E V T L I B Q T Q P Y Q N N U U O V R X N J X T F E O P X V U W
      H F H J X A E M W K C T W L N P X I O U I F F S X K A F Y J U D Q N
                    X E L Z P S J S E L J S
                    K K A V X T K C H O T Q
    M E C F H J A K L W O T A V G K L L L A M F L O R D C S X Y R Q J K
    I J R P U W V D H K Z J P R E A K U V O L Q A A I J Z A Z J Q M N N V G
    Q J J O B A K A Z C W I C Q D R B O N E F I S H C N K F V T N N V P G O Z Y
    V N P H U U N S L L Y L W I P T O P E M A B K M N K A C O G W S D M I Y V U
    V U Q R S Q P U U S T D H D E M T G T I B Z U D U H G E A N K S S Q S Y N E H G
    U A N R I P E O E T Y S C H P I N N L  N T V K J I K R D J G F W A Z F A E I
    G C E Y F Z F T M P N T G E H E A U Z  F A U P B U C C E T K T J A T I O V Y
    Q D F M L O P M A J I I O F Z L I O S  G C U J C U G Y D L C C C U Z Y J X X
    N V P X I M M H M G Z S F Q Y R G W N  G G W Z O J C N B T S H R Q T V Y O A
    V U H T A G Z Q B K K R N W P P U P L  Q W U F Y H Q Q K L M Y T R H Q W Q E
    Y A K S X W K Z A V E G X O R N X S    H A C B B Y G C C A U Z S S K R E M
    V R Q P W B   D K S D Z J Q L M O H    K B S B F O P H R Y E   I U R O M
    X C X M   O Z I F M P G G R L O H      D J M O D R K Z A V R F   K S G
          X G F I I X N Q U T B E J        D I G B G R Z G D D D H E
          O K R E J Z R P S C B D Y        T A I I T P G D C R W X W
          A T T Y O E H G S K P O F        O D S Q G L X O O M Z A E
          S R E P I N I K M W B N          D X S I O R W R G S O J
          P J U W I J V T I T              R M H O S P X I S O
            L I M Q O K                      D E F W X A
```

WORD LIST:

BLUEFIN TUNA	HALIBUT	SEA BREAM	WAHOO
BONEFISH	MAHI MAHI	SPANISH MACKEREL	YELLOWFIN TUNA
DORADO	ROOSTERFISH	SWORDFISH	
GIANT TREVALLY	SAILFISH	TARPON	

Angler of the Year Winners 1990-2016

DVAIS   _____

VMADNA   _____

HIET   _____

TNROOH   _____

ESYAL   _____

NDIWSLE   _____

AMTNSER   _____

ANILOCLEI   _____

EERES   _____

HPAAMNC   _____

CKANHEY   _____

IBHOND   _____

LNKEI   _____

TSIFTR   _____

Angler of the Year Winners 1990-2016

```
                        A
                      X D G
                    Y A D Y I
                  N T W R I S M
                S A L E Y D R N A
              K Z N E D I O T R E O
            V N V S G V H G A T W T I
          H K R E U Z K J C E E O I R W
        K K N E L N M W S S F L A X X A X
      N W S J H W R X J X F M C P A A V M B
        D N F P Z Q F D O D A Z Z
        H K B K K Y W P N A S F V R C
      B H I K G H K V E B E T R L A Z W
    E I I V K S D S L C H O W N Z P S N I
    E E U T O L W C L T A Q Y E N K C A H C Z
  C B V X E W V M I H X T H J V A V S W B R Q Z
G R V W A K S Y X F Q H N I H L M C Z Z O Z H E V
G K T K U I L X B J C W Q I N R S J G J O S V A M M H
B B O T U X W R G F Q M X Y A A T F K T N W A A L Y U M T
  P O K F G Y K Y W K M L T X Z I I H N
  H U E V M V X U C B T P M V F N X B Y D X
  G G Z Z K T K A G H X R A Y A D N W I A A N A
  Q J C H Z E L B W O S X W H W L R M G G T M E G T
T L Y J V O E R H H A T Y S C E S K A Q J G K I E J E
V B Z W R S I R Z T U C I W L I I Z V Z Q C G C C M P A
A D U X G P N G R T P A A C P Y P V U H K V L K A P O P L B U
A G E F M Q Z X J Y U O R V I N V Y S A I M G O M J B Q E Q Q M L
Q W P Z S S U V J I X Y M N O I O G L H R D U M D K S O T B U J H C F
                      D M R
                      B R L
                      I Y R
                      H V A
                      X E M
                      Z J L
                      H H Q
                      N P U
```

WORD LIST:

CHAPMAN	HIBDON	KLEIN	VAN DAM
DAVIS	HITE	MARTENS	YELAS
FRITTS	HORTON	REESE	
HACKNEY	IACONELLI	SWINDLE	

Bassmaster Classic Winners

IOILNCLEA   _____

DVAMNA   _____

ESDVA   _____

SHLYAE   _____

SEREE   _____

LEWHLO   _____

TDETUKC   _____

NSEULCA   _____

ASELY   _____

EERSV   _____

ELAN   _____

EITH   _____

ECPA   _____

IRMOO   _____

NOEJS   _____

Bassmaster Classic Winners 1999-2016

```
                                    B
                                  M U Y
                                V I M S B
                              J J P U J G M
                            I Y V U U B E O C
                          L D I F N J Y Z C W Z
                        V H A S V S D B D R D H G
                      F P C V S H O P K I K X L Z D
                    B H O A Y V X T U O T C A V P B L
                  M N N K F V E Q F H L R N G T O K D R
                H C E X Z K Q F L U W O E Z J R A Y B I A
              S P L J S F L A Y U A A O S N A L U B P Q D C
            A X L B C W Q J P K K E S N W F R K U S P O N P J
          P J I D G G F E E D T Q W E Y T N J G Z F S M F S U U
        Z O V V T T E K C U D E N O E E V W J S O H F E K W U W J
      E S J N D I E V R E L U X J L Y S X A Y U P S V Z V I I I H F
    Y B V W N N Y U U M K C J F H U I J L U L L E W O H C A I A V F N
  R W Y T E F P P L I G M Z A S S P W T E X J L Z E X V B B D F W C P C
H U F Q A M R N H C K E P Q A P R F F N I O O C L E T J A X Y U F Y B H I
      U J S A U           H W A W D           D X F D Z
      Z B B Y I           E X L H Y           B F T N R
      B H I S J           I H K K N           W F A T N
      E F I Z O           V W G J D           X Z H H K
      R H F M T           V O E X R           I P I T S
      P C S H G           M Z W U A           G T D N R
      U O C G A U N B Q G Y Q V G R T H K E G N R E I J J B
      M T L V Y P C K M Q A M C E L R X D J T F E Q A Q V Q
      D H L E P O H X F D E A A Y H U M I G L U H S X Q X D
      B W N D M I L E W Z E D Y L R Q I S M R J F G E I U F
      S E S O A           N U R I W T Y T B F P N G N X T
      Q Y R A E           A L I V D P I           Y E O P
      W I P H Z           V H H W W J R           D N I J
      P C Z S W           G Q U G C V H           K H L I
      T X T D S           K G Q L R W Y           S F X M
      C L Z V O           B I A J N H Y           B F T O
      G J V J K L M Q B O R I U M J T O B     G   F O O P
      T J F X R W J O G V M S X F T P O Y         M T V B
      R Y K K J F Q X B L E A M O E F G U         Y L R X
      P M V P T D I B M N O Q O K V W M D         U U E X
      L N R S H K P Q T E S E E R O M H K         N R P D
```

WORD LIST:

ASHLEY	EVERS	JONES	REESE
CLAUSEN	HITE	LANE	VAN DAM
DAVES	HOWELL	OMORI	YELAS
DUCKETT	IACONELLI	PACE	

Famous Fishing Areas

ESOIB VRRIE

_____

ISIPNLOMAEN

_____

RIBSLOT ABY

_____

VELDSI LEKA

_____

FLUG ESSHOR

_____

RGENOA HEABC

_____

NGOIRHB IVERR

_____

TCOEALTRH ABRRHO

_____

OTUNADSH SSDLNAI

_____

ALDROFI SYKE

_____

PCAE ATRHEATS

_____

EGRNE EIRVR

MAASTHR DEVRYANI

_____

LESEATT

_____

EWN OSNAELR

_____

HATMOMM ESLAK

_____

ENLTGOAVS

_____

NAOK

_____

Famous Fishing Areas

```
              K J N
              N E Y U
              C R C W
                E Z X W
                V S J O
    I P O O K V M       I Z K T        N A Y Y K O L N
  W J U U H N D P E   C R K P Y A E   C P P A Y V S D U O
  O S B V W Q L K Z V W D N K S Q H G P X U O C V K M N I A W
  X U Q S X Y Q T P A U Y I R X B E N K Q W Z B C Y N A M Q M H Q
  K C L C F P W P B B E X K O D L B A E L Z D N E G R K K Q F W W
  A T P H V O S S R O M O K U H W G P P T D D D O W N L Q M E Q L H G
  L J N C P N R L U I X U X Q T G L X Y Z B T T H T U L I X R R N G J X T
  O T U C N X S P S P B Z W N B I Y H H M S W L R S Z A N O K F J G G M W
  E G O N F O B E D V B C I T G B T B C G M K K E E F X G F V Q Y R O O V
  N W M G E Y E R O B R A H E T T O L R A H C N S M V B Z P U X B E R H Z C G
  Z T A K K L I A A R Z Y Y I N E W D H Q P U E I H L L P J H L E Q A Z Z P Q
  R H A H G V R U P N J V M W G Q U O H I F V N N L A R T R L N F X F Q M F G
  U Y C K P E I H V G Z G C I S R E X M M J E N D V M G U A A R A Q S H S L X F L
  R E J N R P O M O L C W E N S N W V Y K O E Q M Z O H T P I F L N J H O G L F Z
  M A D W Y Y H T S H I H F B C Y N D Z A A H G Z R O Y J V I X Q N K R O O U E J
  H X M L P F I O N U O U R T E E R E V P A C F Z O Z J E L Z U I S H T R R R Q Z
  N C X L P V T S Y J N N C I W A G B O Y J S E X L B R P V Z X S B M I F I E B F
  R T T T K G T V A E Y D B O O S C L B Z X G U C W T G V Q P E T N D O X R H S E
  H J B C X K H N Z R N M R Y H Y I H N U J A J D E D H E K F G G A E I O S I Y Z
  Z L M E O T O I O H E L P A B S V H D S O J T G W Q P X H B Z K T E M H E D Q B
  H J R H G I U S G Y E T B D R A Y E N I V S A T H R A M P P E N E T E X K O Q C
  I W Z Q M L S Q R A N P T Y V S Q Q G S J V H J W K J J J Y H T M O H H A J W G
  L P G W Y I A G N K E G I A M P L T R Q Z E V Z H I P C S D S Z Q W F I L K E M
    B F W U B N S Q B D R V B H P B P C M N E G L D D T R F W Q A R G Q O H N T
    U Q A J D D I H S K B F L T E Z P W F F C M H Y E V A U L Z O X M I N T Q P
    T M U T C I T H Z C M B O W M P V P Z C K I Z C N V A U E A K B T F V O C T
      Y W O L S H P T J N F T C J E A J S T T O N X C X I A V W A Z R I R M O
      I V X N L E R R A D A S L P I V C H H I H A Z T C H L D H N R C R X M A
      O F Z A W Q F H Z U I H T V Q Y M D V J T T E L O R S B X U W U L A
      P K N F W V U J F R H O T Z H A B X M O A D V F H V L J M N F J M
      D F D D L Y K X Z B X U Q T A H X Q V I N T A K M H E A K D H H
        V S X L E S M Z D J M G V P W T U U R D L V L B X M P K D N O
        N R J W Q C X I F W M P I W U K A P V P X L M K G Q I E E G
        D Q J K X   B R W A H H P P I T K Z U    U L L P W T
          S N C T T R D I B M S
```

WORD LIST:

BIGHORN RIVER	DEVILS LAKE	KONA	ORANGE BEACH
BOISE RIVER	FLORIDA KEYS	MAMMOTH LAKES	SEATTLE
BRISTOL BAY	GALVESTON	MARHTAS VINEYARD	THOUSAND ISLANDS
CAPE HATTERAS	GREEN RIVER	MINNEAPOLIS	
CHARLOTTE HARBOR	GULF SHORES	NEW ORLEANS	

Famous for Bass Fishing

ELAK PLIANMHAC _____

CKHEO YCNOAN _____

KELA IMKNONENTA

_____

EKLA RIEE _____

ODLOTE BNED _____

COLAFN KEAL _____

RAELC AELK _____

ENDOAI LAKE _____

YKEKTUCN EALK _____

MSA BYARRUN _____

ST AERLWECN VIERR

_____

LKEA SMATAID _____

AKLE EOEBHEEOCK

_____

SNA AUNJIOQ DLATE

_____

AELK SGRITVENLLUE

_____

ALEK OUCRE ALEDEN

_____

ELAK TS ICALR _____

IWICKPKC AKEL _____

YIARN AEKL _____

Famous for Bass Fishing

```
            Q J N Z I K P G O R
          G W W O J M R X U J Q F Y P G G
        W X G B I O W O X A O K O B P A P E U Z
      K E E Y P I Q W Y J Q Y L T I B F D Q H C F
    E F X K I R A L E T R N C D I X I V Z M H S Z A T V
  O E I I E G A T L E D N I U Q A O J N A S P Y N F Q H E
  A K Z U R B A U X V D V R O U X J E X J K S I G P U H E T U
 S Q Q Q J D E E S L C C B V E E U H B E I K D A E S S E K O L R
 Z Q C F Q K K E R E R E O C U X U T J I B C P S Q H O L A Z S M
  K P M U X V F Q L K J X A Z H X Z W N N I L O T C Q H W J L Y L L K
  I R G K E F A F G O R A V Q Z Z E A J N D N D L H X M O T Q Y R C G N W
  B S B E Z L P Z H Z A Z L M L N P L I J T I A B S C W T V C K C O F C S
 W L Q P F C Y V Z M L P E J T R Q Z A L S Q W E T B S E O K Z C L T F S M Q
 J E O Z O H L C C U S H V E M G O R W E I R F C Z W I D E J T U N Y U Q Q X
 W E Q N V W E N B B J P H U J M G G N T E V P H N O B H L K M T B N L B Z B
 F X K L O P Z E S P T T X R O G P W U O N U H S E E C G L Y S O N F L S N Z U L
 L D A C S M H K S R Y R Q X H P K N I C J X A T R J D A V D H X E A S K C V O X
 D K L E X O S A Q J C I M A R V H N E J L P C S F E K L Q Q A W K K T E F P F B
 E C A X K Q Y L C J Z L R I K P L R R V W O D F S E T O C X F E N L A J W R J X
 A J D A R T C K L B B R G Q S N I A A U P D M Z C K V N N I C M B A H L F W X A
 Z P I C E B B C E W N B I B K V O S C B B E C O Q M F X U H E S V P T D C J J Z
 E P E O Y C K I J G P N Q M E U M T L W U Y E A F N D T A G L Y J M U O P W N Z
 S L N D A Y E W U T D S G R O A J P E Q M U A W R I E M L O E D M S S E B R R H
 M W O M S U E K N P P B F G S P F L E N R C W R T H P J Y T L K S X M L D P C P
 J X C S K S E C L H E E E B U L I S F D N L M A M L L Y B A A X A G J F Y Y Q R
  H T Z I T X I Y B Z K W N Y L I S A V N I H W A A Z L P X K W S L C Q O B A
  D B U K M F P V M P A Q G P P Q L M J P W M I Z G S A D Z E M W H M N V I S
  X F K D V R N F Y X L P W I T E P T L A M N E S R M M V F A A L P Q F N S G
  E Y G X A F L W R R F H W N N B A W S N A B K G R U B J M S T X Q Y S S
  G B O L K J L N H A D O E F S N W U R W V C D A P Y Y L I G C D L O K J
   F Z D F M L P C E D C R I A L C T S E K A L V L F K L S E Z A D Y Q
   X M C P O G M J L J N H X J S M D W S Y T W Z G O K U T C K E Q A I
    A O B P A S Z C H B E H D Y Q F B F V E V G P I I J A E X X A Q
     U U O C J B I Q T X B C C W S A Y C F I D C L G V D P Z T O
      G O Y I M E Q T Q C O U T C H O K E C A N Y O N K T Q R
       Q O D M K F K R R T D O Y L D R N E A T Z O M Q O V
        V I X B G M E D C P E U A U O T Q S P J I Z X N
         B R W R P O G B O L T J H E S L G Z C C
          C Y C E Y R J G O G R Z D B E R
           P L H U C E T P O E
```

WORD LIST:

CHOKE CANYON	LAKE CHAMPLAIN	LAKE OKEECHOBEE	SAM RAYBURN
CLEAR LAKE	LAKE COEUR DALENE	LAKE ST CLAIR	SAN JOAQUIN DELTA
FALCON LAKE	LAKE ERIE	ONEIDA LAKE	ST LAWRENCE RIVER
KENTUCKY LAKE	LAKE GUNTERSVILLE	PICKWICK LAKE	TOLEDO BEND
LAKE AMISTAD	LAKE MINNETONKA	RAINY LAKE	

Famous for Trout Fishing

EKDCROO EIRRV

MODCCLU RREIV

AKYMIA RIERV

KAINE

PVORO RIEVR

GAPAULUED

NEWOS IVRER

UDESTHSEC EVRRI

MOTAEARNCS EIRVR

ANKEKOTK

ITSLEMOU

MAPUUQ VRREI

NSA NAUJ

ROI NGREAD VRREI

FLLA VRRIE

RKNE IRERV

ORLAOCOD IREVR

ANKAGLA

NGREE VRIER

AUNRSIS REVIR

Famous for Trout Fishing (Rivers)

```
        H X M U X A                        C T B Z S M
       B L W M W A N L R V               H M R G H M V O I R
      Y R Q R G N L K F L A E           W R C C W F N K V W R Q
      T A D S Z L S W F T E E S         I J R V T C G G W O V O X
      X E K N F P A L Y E M A Y         P W H T A E L J E J N H D
      U Q N I L U N M X G G Y F         N X B U Q U S O E N U E T
    L C J C   B P H M Z A H Y K M P O   C H S I Y Y G Q U S W F   O V W V
   G U V S Q Y   F Q T A K A U N B G T  E O W A Z C F N L D M   Q M W K G G
   T N O U Q K E D I N G A K K Y P I N  S D G N N O J T V V B E S W M L I Y
   J W M Y C T X X A E G O N S N P W Z E T F L E C X G K X X O G I T L T Z C Q
   R L W H W F L R D F S T V V S J Y Z M J N B K Q I A I E U G N P T A N A B G
   C C I T O W B F S U K C U R L E L W A J L D Y U N G P O U J L U V I J Z R Q
   X P A F W B P M D G E Y H O R U B K R H V H B E R L N E V L O L P J Q N B V
   C V G T O P P E E U F N F U M J N I C L M A K S Q X U J W O B L G X Z R M N
   X U G W G V K X S V X H Y P T U Q H A G L J W T W P Y O T I E O R B H J F D Y V
   H Y Q C A D M F J Q M Q C I E Y U S U F K O B S H W K V G L E W P X B F Q N
   O H J S W F J F J E U A V C T S B E H E K L S X V V K Y Q M E S P S L I A B
    L F H T S W T K A S J J V I O F I Q K W W G Q X W M H U R R L N J U W S
    V P C Z X H V B D H N P G G E Q A S X R I X F V W S D Q D P X J N S
                U R V Z D V G U O Y F H
                P O C P A N Y S S C K Y
   O F H Y C T K G X Z I M N P B P O A B D T F M W I L X E B S B V V J
    J D M H R T V Q S Q J E V P G U L W F R D K O L Q H N I P V V L D A O L
   P U U C O J W S I E G H Q N A U J N A S W G K U A E A Z V M R C L L T Z K O
   S D E O W N D X O J R G V M L I O V M Y E U O F G E H P S U H B A T B E E T
   M N H K M A C I Y F F S M O O L T M D S J I I B I P Y Q J A Z V G W Z C I I Q W
   R R E D D T V M L K N B H T N S V V U   G M D D R P X I D P N P H Z C S J I E
   C D V E C I O B L L E J W R U P Y I U   W W W H A L B C K A M H H O O Y Z Z J
   P G I Y E H V E T U S E E F A L L Y D   X F Q A K C D Z K S F V P I B D O X V
   B I O K S O O Q P S F K I S I O L L T   R L E I M H O L S R F R O M J O R O V
   K Z N P Z E H J N U D P Q R T E Z B I   V L Q G X T D Q M X U Y G E W I S O S
    A J N Z M O Z N W L C T E M D C H A    O Q L N T A A D Y H C W X C Q H T P
    Y L Q M A J   A C I A M U R O T K X    O S C W Y K R J U W H   Q X Z X G
     T C S K   N I B G U D O Y S M X J     M N Y R V N O Y L B T C   R L Z
         D Q S H C Y Q A Z N D J M         C E E Z E L L O L C X Q H
         G J S O Y R C A U X U D P         M W E E S A O O V R Q C C
         I G U O X L N O A G A Z O         G O R C T D C K B O B H M
         H R R O K V W G R Q J G            G V W S U G A M X Z D F
         B B J U D B W K I E                M I J Q I M I S Q P
            D M K R P V                      X X L Z C E
```

WORD LIST:

ALAGNAK	GREEN	MCCLOUD	RUSSIAN
COLORADO	GUADALUPE	METOLIUS	SACRAMENTO
CROOKED	KANEKTOK	OWENS	SAN JUAN
DESCHUTES	KENAI	PROVO	UMPQUA
FALL	KERN	RIO GRANDE	YAKIMA

Famous Fishing in Maine, New Hampshire, & Vermont

ODEOHMSAE LAKE

_____

NOOCCTKOOO KLEA

_____

KAEL MLANHIPAC _____

OABSGE EAKL _____

HIMRAANR RISRRVEOE

_____

MAEETWSEPGSI IRRVE

_____

ALFASFTFG AEKL _____

OKOUNSCECH ALKE

_____

ELAK RFISNAC _____

MSAUQ ELKA _____

WTHCETAUS RROESIRVE

_____

KELA OMENOSBE _____

AHTMNPO BRAROH

_____

VSRLIE ALEK _____

KEABR NDOP _____

Famous Fishing in Maine, New Hampshire, Vermont

```
        N P T S X M                              N P Z H S L
      J D R V S K W T K                        P I B N R Q J C V
      J Q M M Z C D Y V A G                  L H B P D S M R N S Q
    F I H R E X J X I I E B U                Q C R T A Q A Q H P E K C
  T E X V Y V U Z I D V X I R U            O U W J X U K V E D R N H M P
  Y O P H F D T P B Y G K Y O Y            I K E L A B D E I S N A S P L
E P E M I G E W A S S E T Q P D X        L K X K M W J D L R W M E P D I R
I D O H P D U P I L C G M E R E L C    U P C K H E X O J M V P A F C K S S
R T E Z F C F C B C W Q O N F I W Z O N V H O L S U O E T L E V A R B B Q
F U U W N W N L D O K J C L D W E F F A T S G A L F L H A F E K N X X S R
K Z O S E A M W Z T M E H S U D Z I Z E D C Z Y C M W I Y W V P M H A E J
Z Q X X R I K O X I D O Z G K F K F I N A T O N L B N B I V B E R T Z B X
L Z H F T F Z M I J X H S R C W F B U D N P I N X S R O Q E U S T C I Q Z
Z L A K M O O S E H E A D E R M Y Q T Y B O X K T E V N Q J N O A R I H B
R Y X N G D E U C B Z H Z H E S C A T O I Y B K G O D R V Y J Z O M S I R
  V F I K B M O X O X N F M N N D D E Z A F W C V Z O B S I M Z Z Z C K
  A V T J J V O G F A Q A W K N Y K S I I P Z X I M N C K P Y A P M O L
  Y N M N H U A T S C Q G O X M T V U J S C D Z G A H L O Q L J L D A S
  R V Q R B L C N L Z G T M L Y Y H C G G Q K I A G X N O S I W V Y
  Z B L E U C I H N B D G M H Y H C I A Y W S M S R A C Y K Q J J R
    Q S C L X Y E E I H V O T R D A Q Y F U P Y E L Q L M A B F S
    O S F V L B A B S D F M G M D W R O S T A R W O M R U N O S H
    H V P L S V M A U W J M R E P Q R O D F X R E V L I S N Y
    E P Y I B S A H M N I T I H E J N I Z W B H E B Z Y E O F
    Q L P X K L W L G C H Q F T H C L M R L M I A E N L E
    W C C U T M A E C O A W A Q H F R A K X S N F Q E
    K Q J S G F P Z U I O R R S S J O I N Q L J R D C
    Q F X A S K Q X O B K M D A X R U M T K M D P
    J C T T O T O O M Z U Y N S D B K L C J W
    G R D V J R W U D K G Z H A K N O E Q
    B Y T N U F Y M Y M L P Z D O Y U
    M Y W K O L T E J S Z S X U F
    G S Y X T W G V Q M B T M
    Q X H A H Z U U M Z Z
    J O K R Q W Q S U
    N G I L E D W
    C Z I U F
    X S J
    I
```

WORD LIST:

BAKER	CONTOOCOOK	HARRIMAN	SILVER
BOMOSEEN	FLAGSTAFF	MOOSEHEAD	SQUAM
CHAMPLAIN	FRANCIS	PEMIGEWASSET	WACHUSETT
CHESUNCOOK	HAMPTON HARBOR	SEBAGO	

Famous Fishing in Connecticut, Massachusetts, Rhode Island

NAAMTB EALK   _____

THCAUGWA OPND _____

TTUSWAEHC EIOVRERRS

_____

ECALTPCES DONP _____

DWADOCLEON EKAL

_____

IGIETRNN NPDO _____

SETA NITW ALEK _____

CSAETL LASNDI _____

WLLAMU ALKE _____

KEAL DCOGUHMON

_____

OHCE LKAE _____

PISCIHW RRIEV _____

NAEWLD ODPN _____

RSCCNETE LAEK _____

LEYON DNPO _____

Famous Fishing in Connecticut, Massachusetts, Rhode Island

```
                              J
                            Y F K
                          M E M Q B
                          B V S A P W P
                        O P C A X A V I S
                      W Z C U O L S I E K W
                    H J N N A L Q Q O A G X V
                  H F W Z P U M J F V S K G O N
                S A A V V M T J M G M T H X C D G
              W M L G H C I W S P I T T N K O H K N
                W A Z U H U E Q V W G K A
                I P L W S X T U O X I F R Q T
              N L T C A D K V S S E N L F E Z P
            Z Z E V C A D W U X L B E S R W I T O
          W G W C D S B S I U B O A H G H Z I K B J
        O Q A I I W L E X T O J P T I F J K T K J I H
      K T W C C O T L A N N L W C N W B T N S Z H V P W
    Y Y E N L O H C P Z W N V E I K J A E V G O S E P A F
  L E W R X H G A U F U W V M N I P F C T H S R H K I O O D
        D T Q Q S D F X X Z N S S O Q C I F C
      C C N U E M E E V H Z L E L H T T H A Z V
    Y E C G C A D Z T K G Y R M J A S P N A D N G
  F P I Y W T N J A N T U C H F K U N D S M U O I F
M S Q S L N I J H C P D O O Z E U Y L D K Y C G X O O
B D W M M A L T B B P C J N B V X E E G R T Z M R E J A Z
V T C T U B X B K A E D Q U O H C E W Z V S M L C U G A C K V
D E U I T S N D Q J N H E Z U D T Q O J X T H U F W G X O X Z H B
V L F Z V Z V F C J W T Q N A E C B O C U W O C T G S W W E X G D B C
                          M D A
                          X I V
                          W D H
                          D Y Q
                          I H W
                          K J C
                          J X K
                          I W J
```

WORD LIST:

BANTAM	EAST TWIN	NINIGRET	WALDEN
CANDLEWOOD	ECHO	OLNEY	WALLUM
CASTLE ISLAND	IPSWICH	SPECTACLE	WATCHAUG
CRESCENT	MCDONOUGH	WACHUSETT	

Famous Fishing in Delaware, Maryland & New Jersey

LSMU NDOP   _____

TS YASRM EKAL   _____

RDOGWEOEN ALKE   _____

KBCES PDNO   _____

YLBTREI ROERSVIER

                    _____

LUAMR KLEA   _____

ANDINYWRDB REKEC

                    _____

OSSNJNOH PDNO   _____

NVKNISAE IEVRR   _____

ERED ERKCE   _____

ELOLMHD RAKP NDOP

                    _____

MROOSE ELAK   _____

NIUON ALKE   _____

MRANIG PDNO   _____

BDRDOFAOR KLEA   _____

Famous Fishing in Delaware, Maryland, New Jersey

```
                           I
                         G Y
                       M V U
                     D I O J E
                     P E C O C E
                   Z C A F B R W I
                 G S B A F C R E D U
                 B A C G C Q Q P S J A
               J H Q B T N Y M E W X Y D
               Q Z Z Q V Q N H L P G G B Z
             B O L J B U D V Q U K X Q B C S
             Q S V H U P O W Y E R K A I D U K
           K V B M A R G N I X B S J B N N B A
           Q G K S K R O U I A R J S A I J I F Z Z
         G Q N K E T W Q T A Z A A G O L W F L D K K
         I L M E S D H N Y D E N C N H B I S M X R H M
       Q Q U R I A G R T P F I D F J A C Y I G K G C Q G
       D Q C D N X Q S T L K W Y A X R A D K W J B Q C I U
     Q E R Y K W L O D N L J A W T K X O E R E P T G N S M X
     H E X K I R T Q D I J A G I E P V P Y I O K N Y D Y O P O
   P E Q V J Y J U V B Z F L L N A Y N U H K U F C X F U C V V R
   D I K Q L O F C E E Q J N E D R R W C F P O Q D X I E J L C E U
 D O Q V S Q C H R T J A S R L M N X O A B O N K T A Q B Q H Z W Y S
 B O N X E S F T N Y F V P K A C R J T V Z B K K Y R O L W H B H Z W Z
H W M R R A E Y E T S B V K G K F M Y Z D X Q B B S J L R S R F C H N E S
V I O X L U U K I F Q O Y G W X Z I Z M V N I P H N U R T B Z T K N U V Y S
A F C N Z H S Q J K T K L N K T P T D E B P M V N D O C V N S O H F T W A A O O
                         S
                         C
                         D
 D E A J R U L R A M T C D O D E E E U B V D X H P K T I D F T O M A I Z N P X S
   E Z X P V X L M R U R O L U B O B T Q B L L T G V N V W G L U Z E T M M E U
   U M S U O V V V V H W E P R A J C Z O Z T A D P T U I V E Z A T T S O H C X
     M D M J F B L B N D L G X W K T G W R E J D D N O H S F C L B T W I G W
     Y H G U A W X E K S S P P W Y W C K W X B E T P V D Y E Q T M C W J K Q
     R P G L P E C L M H X B K R A P L E D M L O H S J H Q V A J R C W N
       F E Q D R Q K M B J B Y O I J M U H E J S E F K K A M R A S L C L R
       H X G M D S K S H W F W I A X P T J U I Y W P C W Y C E N Z R C
       Q R G E S L K F N Y Y H V Q Z V I R E U S C K P S L X W N V O S
```

WORD LIST:

BECKS	GREENWOOD	LIBERTY	NAVESINK
BRANDYWIND	HOLMDEL PARK	LUMS	ST MARYS
BROADFORD	INGRAM	MARLU	UNION
DEER CREEK	JOHNSONS	MOORES	

Famous Fishing in New York, Pennsylvania, Virginia

AEKL AELAAPNKCULPW

_____

DENOIA EAKL

RIYBE ECEKR LEAK

_____

AELK PNAILACHM _____

BLEU RSAMH EKAL

_____

SSMYO RCEKE _____

SAATAGOR KLAE _____

EKAL OAMOMW _____

CTNEANUO EALK _____

HEHGLI ERIVR _____

OCALTRY KLEA _____

CBALK REVRI _____

KLAE THUARR _____

OSEGTO ALEK _____

MSJAE RVIRE _____

Famous Fishing in New York, Pennsylvania, Virginia

```
                        P Y P S L N R D X W
                    H H C K C A P U A P N E L L A W
                C Q O W S C T H A B P B F Y G I U Z A F
              Q W E K O M Y H C H G P Q Q X W K C U E G P
            E S O C T B J U H U T B L E E C W W P X C L K S F B
          M K L H A T Y Q H D Q N A U R J T B J X Y S O A N W Q Y
        Y R C V C I C F S Q T B K Z B N K B T H A Q C G G Z G F R P
      E O S O I H E D F T L F N K U I V W M Z N R G G B U Z Q R U A W
    N E E C L W H T           Z W X S U J O C           V U H Y R R C T
    L T D H N C P J M         G S X G L B N I           X Y K V T O W F G
  M O X Z M K W V U C         W D F Z T T F O           H O O H U S T W T I
  R L N B S C D P L O         O K D W A E M R           Q X U H X Q W Y H M
 G F X H W L V H Q Y N        I K N X G Y Q U           G R Q M W X F C A M N
 I T Y U E U U X S X N        U I S I J S P S           O Q T A D S E V O L R
 H U W H W K P Z L R E        K V Z S O B F K           C G I K B T N W K F C
 M B P I C B M A R J B A      N Q F T R K K N           A D S N A U A T I N F N
D G G G H T B J Q R E U M D Q C Y V Q A C Z R H W W I A Z S O U R K J C I E C N
Q H Y R M F I R N U V T I E A J Q O P J P J V U Q Q V P K R X R V R H M D P J X
R T J N J S W D G H D S F K U F I G J A X X N H D I L L L N P K H A H H U W V O
M D D V V F U K R J U L M N A L A E W E T I M V T K F D Z M W R M I L B H V W W
T A G M N T R W D O L L V X U B B S B Q R C X U O L O O M I D P J Z O I W A D J
M G D C Y X H N L X X E X W R R U T D C K U Q G M C V I V O L C I E S E G G O P
D O N G I P F N P A B M V V B Z L O I F F P N I N H I D G A B E L A J R X X T D
O T E H V Y   M F Z V Z G G Z Y Q W B O N G T M O F D K I E R A F   O Y H J Y D
W A J Z A P   I S M W S I Q K H B V N V U R E R B E N N Y B I N H   K C A L B A
  R W H D I   V N O W X U K O D Z U D F I L P Q Y M S P N P N       L R Z W M
  A Z S E L   V Y Y F K V H P S W P I O U I R Q S J D E U           P E J J J
  S D S J B X                                                       J K E H K S
    C I B R P                                                       V W X K R Z
    Z O E S O W                                                     O N D V R H E
      S V N U A Z                                                   I V V M H R H
      K P D O M W S                                                 T H Y Q V U D U
        V G W O T U V V M A M V E Z P B X E W M N C B U K S A P T L N V
          O Y O S V F S V B P J N K L Q A Q B S E C V L J B H O K K M
            X M O S S Y C R E E K J Y W U R E R V I X V W N P T R F
              Q B B E R U X G X I C R V E M C S A K M X Z X O Y O
                R U O X M I D Q P D M Y A I S Z D K P G F O M Z
                  F Q V C F M Y L C J T G X I N C C W J H
                    G W S A L G J W E C F O P K K B
                      B D P E Z P X W X R
```

WORD LIST:

ARTHUR	CHAMPLAIN	LEHIGH	OTSEGO
BIERY CREEK	CLAYTOR	MOOMAW	SARATOGA
BLACK	CONNEAUT	MOSSY CREEK	WALLENPAUPACK
BLUE MARSH	JAMES	ONEIDA	

Famous Fishing in Georgia, N. Carolina & S. Carolina

EACP AERTTHAS   _____

EKLA OARINM   _____

UANGSCAOA ERVIR

    _____

FAONTNA LAKE   _____

BAKEBRR KLEA   _____

OOTCHTGAA EVRIR

    _____

KALE ONUTBR   _____

SNTTUO EKAL   _____

ELKA ASOSJEEC   _____

OIARCALN ACHBE   _____

EEMCBHOA ERRVI   _____

EALK WCAMCWAA

    _____

TCCOOA IVRRE   _____

KLAE WLIYE   _____

ALEK ARLINE   _____

Famous Fishing in Georgia, N. Carolina, S. Carolina

```
                    I
                  K I G
                W F B U O
              U P I I D N T
            Z G B W K H R H Z
          P B U U N P A K L E S
        Z E T C M Y D U W J D E Z
      J B R B B A K E R O Q V C H J
    E L E N Q H Z P C V C B Z S A D
  G O Z B Z H R I U A B N B F Q S N B S
Z K U U C P Y K M S T S H J M V T H O M B
A W M T F I E F Q S Q C S U J G C J W G O O U
H G W K Z R T Y Q E O Z S X M R W I P J L I Z C M
E B N A J N L Y M E J P I G L N Z N N N G O O A T M A
W H H W C T M W W C A R O L I N A B E A C H N Y W Q C J F
K I T A S C Q D Q U K Z R C G G V J N W J U S Q X A E J J E T
L H Q G W V A W S J H S X W I G V S L Z I N S Y E Z A B F O V C L
O M C I L Y Y M T M V T J W G L O J W X I O E P P U Y U I H N G K M P
P D P Z B S E L A V U X S K N L Z S N X Z T L K R N P S P D F N O N T Z B
    U M S W Z          K P A D T          Q B D N R
    A R Q A K          J N V U X          M L A V K
    L W T O B          A O S C L          I E E T T
    T A K O Y          O N S Z B          F H S N N
    A D A S N          L G H I D          Y F H W G
    P X K A D          I N F U X          D Y E J F
    R M M G N V Q Q K R T Q Q D R O L B Z Y N K J Y I X H
    J W B O O C P E U N T R D I M F Y S F F C U L S F I F
    D J I O M S A R E T T A H E P A C V J W G A L D O M W
    B B U T A N F T X V T E P C Q R Q G D K C Q O B I J K
    P Y H T T          E L Z Q A F A E Y A T V C E F T
    C K M A F          W F I G O Y K          F C Y J
    X O L H K          D N K N E W R          G H O T
    S K N C K          E L T J R O M          Q M W T
    W T H A S          Z A S J Y B Y          I L G Z
    Z H H S S          N W G Q G D H          B W F S
    A M O U Z A D C M D A Y Q E D W J B    C  H K C C
    V J V R O A U O Y P X M J I L K S P       X Y Q B
    S N C B N J O G I Q A N N L S Z P Q       S S I V
    R O E K C V U I A P R R L Y X J P S       M I Y M
    Z V O J O I R V U X R H U W M K J R       M A P W
```

WORD LIST:

BURTON
CAPE HATTERAS
CAROLINA BEACH
CHATTOOGA

COMBAHEE
CONASAUGA
FONTANA
JOCASSEE

LANIER
MARION
RB BAKER
SUTTON

TOCCOA
WACCAMAW
WYLIE

Famous Fishing in Alabama, Florida, Mississippi

("Lake" is not included in these listings.)

CALGNIL TNHERPA _____

LTOIKEAAHPGO _____

NVELURTGLESI _____

NTAQULI _____

LREHEEW _____

EUOBG AHMO _____

TMO AYIBEL _____

REOEGG _____

FLUAUAE _____

EENCRTSC _____

EGDNRAA _____

ESSWI _____

ISHRRA _____

ORNOME _____

YAL _____

Famous Fishing in Alabama, Florida, Mississippi

```
              D E V O M H                          P N Z O O Z
          N C J C W Y B M B J                  A Y W P I H G I D J
        V A Z W I U D O U G K E                K J T E R H G P J Y X Y
        U D Z X L A N W U L D D W              N B E D Z L O E K Q T E L
        S A V O G R B E U V V W K              R K G L N F I I W E L S E
        L Q N S O E N R Q H C Q W              B D Q E N F B A L E F A C
    G K K I   R P E U B J Z Z O X K L          T L P N W W H U B C F A    P P B A
  I D P B D X   U H Q J Y H K Z M X L          I X B D L N S C G M I   S I O O O N
  D W F E X A E K N A I Q V X M B R O          I X K X O Z C D H T O X T K H D I F
T H S Y T G C W U E O U I N P E R U U          X L T B L P H E C U A T S C J U X F S
R R Y A Z A R O V Z C R K H G U V T Y          Z M H V L Z H Z G A D H Z D Q T U Q F
L P A O R C C O W B X O X G C D F L L          R R O W B I J Y I Q A S Y L W G S P L
C Y A L G I U M E C Y I E D J N C G F          U M Q A V Z T W Q G N N A T C D H M D
C I D G T X K O C G I T H B P Y B F P          S A C W N V S J K C E T C Q E U O U H
D A Q G Z V C K T X Z E A J V P E C V R X      W R Y F M U D F N G R B A J I L Y V U
W S R P C L Z K A P F B U L E W B K K F        E G H K U K S J U B G I U E V W I B
  F M R R I O L M S R Z T W K B S B F C        H L H F A R F B T N E C S E R C O O R
    D V G N P P A G V E U M G O F B A T        Y V R S P Y V F V C R U N P X E I Z
    G O O V K X M X B II M B D O T N Y S       R B B A U T I R Y M P B N Z L X
                    Z L U A D S W L B F N H
                    O S P Z I J H A L X Z C
    Q W X H S W F Y A Q O L G I Z U P U C F Z O D A Z E O H F H P P G A
    A N L Q X G Z Q B V H E N O H R X E U F A U L A D G T F K S B U O L G H
    O U Z M X G G L R T R V I E X C I R M G I T V I H S C I L C E N L R U Y P B
    S J T Y Y N M A S K P L K B M X J Y A W Y A Y R M H P S L T W H E N G Q N T
    D H D T U Q S L H A T L H J Q D R N D T H F Z S I N X N Q N A S B T J Z O O O E
    B H H P M J B R O E A P D T I O K F H      U F Z A Z J R R U U K E C Z E S G S Q
    Q B C C Q D X P G C Q I I L T Q D X L      V W T F S Z O L I K R E W C V Q C R J
    C A O Q R Q X W W Y B R U V U R G L U      V H N N I M H L H S U A P C A M O O B
    F N G G B F B U V K D Q Z U Y U S U N      M G Y Y O Y F U V L M N Y O Y L R L S
    T C Z C U Y B T F V C E K T B T V A Y      P J M Y I I G I S H F T G D H N W J K
    D C V B E S W S Q Q O J D S L R G O        O I M L I R L F W T J K W J S O T J
    S S I E W H   P X H N M S S Y T U Z        E R K I D L E G D K V   R B T M T
      I C R A   O S W V I R F R G G Q Z        N U O K E Z O L A F I U    P V Y
          D J M P U O W T G V X S G            K H E W V I F R E O X H O
          C T X A P O H Z H M F H U            T Z J Y M Y I O Y E Z E I
          O J G O P W F D K G Y X K            B W J G J M N O O L H E X
          U B W M I G I R L U P P                G I F G X F D U I T W O
          Q U P Z F P O Q S S                    F N I O T V Y Y G T
          B G I L F R                            T W R V U V
```

WORD LIST:

BOGUE HOMA	GEORGE	LAY	TOM BAILEY
CALLING PANTHER	GRENADA	MONROE	WEISS
CRESCENT	GUNTERSVILLE	TALQUIN	WHEELER
EUFAULA	HARRIS	TOHOPEKALIGA	

Famous Fishing in Kentucky, Tennessee, W. Virginia

OTTNUS ELAK   _____

NHROCUKB LKEA   _____

ISOGNB OYTCUN KAEL

                                 _____

LUVBELNISR EALK

                                 _____

AYESC KEERC   _____

LKEA KEARLBY   _____

HEACT IVRER   _____

TISAHRFP ALKE   _____

LOD KHIORCY AELK

                                 _____

ADREC RECKE   _____

SUELMESRLMVI LAKE

                                 _____

OTFR LNDOUO AKLE

                                 _____

EUCRPS NOKB KELA

                                 _____

KAEL BAMULERCND

                                 _____

ECTRNE IHLL EALK

                                 _____

Famous Fishing in Kentucky, Tennessee, W. Virginia

```
                              E R Y
                              S Z E O
                              U I U Q
                                T X E B
                                T T F C
            V Q I V T E Z            A L O W           S Y E Z R L C Y
          E Y E L K R A B H      J L C T N Z E      S B N R A I Q O H G
          R X K U R R G I W X S N I P F E Y Z P H J E U Z I C D I E F
        L G M G I T V X F B V H F L Y N Z H X K P J V W H E C B I L A M
          P X W F C L D A U L A U F Q B N N X W W C B I U E B S C V A X T
        N B C U Z O R D R S T N I W B R J D K N A A K Y E O O N Q K X H I G
        Q Y A B T N P R N K O O M B M G N X U S N X T R D M N X I Y R L Q Q A E
        N C B D C H N S T A I R Y Z F I J Z K B V H Q B P C N B F B U Y M W V I
        N W S U F W V D F L G Q E W S Z Q N R T C Z H P O E V A D S R A B W T T
      K U U L F F I F Q P Z O V O Q B U X B N E U V X U V F Q J E P R O H F X Y N
      I U W J C L J L U M A B U X N A Y H T Y D X F N C P N R Q J S Y J S T T G A
      U Z G X L X J R V P P F M D A D Y J D B B R T G D E X R P W R G V K Y U C I
    B C Z D E J B F M M Q V J X B O A N S W I T Y V B A L W S O P G X S P A A O C H
    P O B M D V I V D X M E F N V B N L P C I M L N G S L F P B H Q X G D X J G B B
    V R X K M Y M E H X J M B O C C Q V Y K C V B O R Y I T X F U K Y F X H C U E N
    V X L H F W Z D J C B H C B K C K H Y K X N Q S G L V U F T R D C V P S H X F F
    E D K I N K R P G Z D M Q K M Q G T H K Q M U N L A S C G B W J I U E S Z B Y N
    J I F K W S P R U C E K N O B C O W K H B W O T G F R L T B K P R J B C A S Q H
    K E P E F D O E O Y B U G Y O Z Y V Z Y Z I B V A T E J E F R B M H X D L L T U
    N A D E G E U G V I Z M O H Z U E Q I X U U L U X F M V E E P C T F P M O H T R
    M N Q R X L I P U J C T C O W Z D H Z L C K J S Q Z M W R U Z G H X V C V C L M
    I M D C J Y A K E Z K U V K T V D P N B H Q G Q J L U A D N A L R E B M U C X C
    V E W Y L E D O X A I E M N P Q H R I E W Q H R K T S S K Z B T W G N W H C Z U
    H V E A W A Y N R C R E J G O Z A V N V F N S L X J S G K P D C V A B M C M
    P K S K P T C R O L I M R M Q K K P L C I A L H L Z Q N M L B I R K C M Y H
    Z B A D H V T P S F R F O C O W D F M Y Y R O K C I H D L O M D M R F J U E
      N C D S P G Q E G F E S O R P S E I J O A Y U J B H H L Z X A M I F V T
      L J T R P D A H B Y P W P S A M Q R K T M N E A G E R U Q N F S G C L P
        P E H F Q F Z X L O C T D O D D V Y X N B V K M M J E Z P H S D E D
        O M W I S M T T Y L I L T L E O H E K N E Z F H N L T T Y T C K F
        H Y J B B Q E D O X R L Q P T C D V S N F K J E B M R N D A X P
        M V O L Z N H H F L G F K N B M K J Y Q M F O E A Q J E Z L T
          E H K K E U R N Y M O B A W F G P G A Z L D R P S J D D C G
          M E L C Y    I Y V I X U G M X B S K O    S S W L G I
              E G Q S R Y C B N M H
```

WORD LIST:

BARKLEY	CEDAR CREEK	FISHTRAP	SPRUCE KNOB
BUCKHORN	CENTER HILL	FORT LOUDON	SUMMERSVILLE
BURNSVILLE	CHEAT	GIBSON COUNTY	SUTTON
CASEY CREEK	CUMBERLAND	OLD HICKORY	

Famous Fishing in Illinois, Indiana, Ohio

ILTETL VREAEB KREEC

_____

AEKL SYBPHORUROM

_____

AKLE NAEXKMECKUI

_____

ERLAC FKOR REVIESORR

_____

ABOSBAHN KLAE _____

ELKA OMERNO _____

EUCTNANO EECKR

_____

IMTSMU LKAE _____

NDER EAKL _____

TEAGOPR SLKEA _____

AEKL VLILLSEYEHB

_____

GRNDA RIVRE _____

TPAOKA ALEK _____

NCHRASSIG LEAK _____

LKEA SEHAFR _____

Famous Fishing in Illinois, Indiana, Ohio

```
K F Y S M S L P S J O H J E L L I V Y B L E H S E K A L I F A Z C W Y K G I J M
G T B I L G E P P O R F N J C L W N X E W E Y A N W T G L R C D J D G O M B E Z
T Y I J B U C O G H H B B I H S U Y M W U X G L K N L T C J S Q I I K I C A K V
I D G C J D V R F L H P C M R Y D K N H I Z A Y N O D G C G W W Q B G M E X L M
K P G B G U W T A Z M C Y A R K Y W I C W D K L J D T N I J M T V A L J Z A S H
L E D G W L H A F O O K J T D E N J G O I A F P R U V A O R H D P U M V K S K I
H B K V X M T G O O I B V Z X P O H J F Y Y E D K B L W P S R D Q U V E L B D L
W H U X N M L E I T W T V Z I P C P Y P M O A E K B S K W A Z G Q V M I B R G I
W Q K H J D C L W X K M J U R G M I M Q R K X I R N E N T D R N R U E K C W V H
C Y H W T Q W A I X Q K Q N S T C O N N E A U T C R E E K F F G R W C K N R Q L
Y W Y B D L E K D N X S M G H V V F O U F A S N T F E I S K I P P W L K N R E Q
A D U J R E F E Y O X S T F C T W M V D N F P J A U A P E L H D H C S M T G B I
Q I D W I Y G S T A U D X G L S E W B F B G Y D K S Z H M Y Q E L M R G V L F T
H K B P R V I F E N I C C Y K K N O P E B W M X T M I A S O U S N A H S T J F G
T J W D S I L Q A N V J F Q A M P I V V B M D W N M B B S X B F D X Y U X L E Z
S N E Q C S L X E T O E B L R K Z Z H F X S S C L N O F S V D G J V I G K K F H
A Z J D V B S W O X E R J N I B K E Y D Z J Q C T R B I V O A K O D C G Y P B V
K W L I U R G X R J J M S C U W E M I D G S F Y O Y H A L D K D T J G E O X U Z
G S X T P W H W R D L V E F L A E O Y A Z I Q V Z Y W B Z I K D V K E I R V X H
N J G B Q I I Q G Z O E O X P K C Y H N Q U P S H S H F K W B A E K Z W E Z B Z
Q Y A B P K I B T G F D S K M P W O I O P H N Q I U J V S I X R C F G W B C U V
S X Z M B P X B E K I C R R E F S R M B J F P C X O C C Q U Q U T A O Q D B Y M
O B R I E T E M T I I H Z Q K E N F Q B Y W E B F G U P K V K T K Z O D Y I M U
A O U E L M S A B U T K J Y D P R A F A N G H S U M M I T N M Y U J S G E V J Z
B M E G G Z C G G R O J S U B E C C R H I Z Y X R Y X H I R A E U U C Q X A E N
K J B R B B Y G M D A W L Q G C R K R S M V P X D V P X F C Y N G Z O M C L D L
Y I I S C E K A L D N E R N U D E K Q E B G N Q F I A D A D E H E Y J M C S Z G
A T X A H B Y C I H P Y E S V N F L A E V Y G O V M A S I L L G U H E P L W J X
X W P Z M P G J L A V X F H D M R R X F B A M V E X J H V S M Y H Z J J E J P J
G Y F L L N L E H A N B S V Q I A X Q F H D E K M L X B G T O A V R Y D A M G E
U H P T A B W A I X N B I P G M E I X U I M A B V T L B E J K N Z Q A P R B Z N
L Q E N C K G M S J X H R O U F D C F G X L M T E V H D M V S Z O D X C F E R N
W U D Z E Z E V W W R H H R C U C W H B N L A C X L R E V I R D N A R G O R R F
L Y E L X Z Q S Q D G G C Z X G A Z U A Z A A W K N T U O X S W M I P W R S G N
K X Z C R S T G H F G K G H R C T M G Q Z G V F N J J T K E M V H L O R K M E I
X W N Q F V I S F A N A N F B E E S O Y S O I L S O S K I T A O V T P Z P R D U
P N D E D P P E C J F K A R W J I C F B Y S Y E M Y S L G L A J C T D M I V E B
R T F M G D J U W E U E S D F H U V B M B M A W W A W X C V Y U D S Y K U J H W
W W F G G M K S N Z J E R Y R R H J S A W L M D K R O F M T Y P O I Y X E S K F
M J D N X V B B P M F Y R D J L I H V Y U Y B I S D J J X F L D J H N M Z F J U
```

WORD LIST:

CLEAR FORK	LAKE MONROE	LITTLE BEAVER CREEK	SANGCHRIS
CONNEAUT CREEK	LAKE MURPHYSBORO	PATOKA	SHABBONA
GRAND RIVER	LAKE SHAFER	PORTAGE LAKES	SUMMIT
LAKE MAXINKUCKEE	LAKE SHELBYVILLE	REND LAKE	

Famous Fishing in Michigan, Minnesota, & Wisconsin

("Lake" is not included in these listings.)

LBEVIELLLE   _____

NEAWNGIBO   _____

GNLSLENI   _____

CKTIH IIT IKPI   _____

LHEEC   _____

WLEENEPLT   _____

NLGO   _____

NVEALAD   _____

ANRYI   _____

WTSOISA   _____

HDBRBAU   _____

ELUIOS   _____

OUINN   _____

LMOAAG   _____

TROTU   _____

Famous Fishing in Michigan, Minnesota, Wisconsin

```
        S W G R W A                              S H S B X A
        R G G G M V M W F                      D M C L L L W V U
        K S E F L Z H N A B V                  Q E F Z D N B Q K C B
      P N O H Z H Z O U B C L H                F N H V R F M W L N Q R M
      R X E J B V P U E A G F E A T            E E N V J X U I H C R X A X A
      G O H J Y X Z C B R T E Z E K            I E A J R B O U Y S T D I A N
X K X O I H L Q Q J B H D G J Y E            K R M Y G L V P J F K U X Z G M B
W X A C N P J Z Y G I A S X B F M K        Q C R A A F N Z N K A D V J G P M Q
V M F N K G L D G D V Z R E K C T B I    H A J N H H C E E L U Z T M T M P T
S S U P X G W C C O I X L D Y T G I Q T P Z J F L D P X Z E U V R Q P I Y
X M J C P N V K V P Y N L L V V B P K B C I X V X T D P N G W O X R K H I
J T O V T C L Q J K X O G V I I H E X M S H G N U J C R Z G B T X K F S M
S H N F N T Q K U V N D N E V R O T U Q O C I O J V L A F P J A O E G S Z
R W Y C G E D O Y G C I U W K Z K E X L K X R T R V M D D Q J T E B N P A
M K D N Z X T Y E P C H E K I E N N C E B T L P I Z S U G O C O N Y S I K
V Y U Y J L P L S G R C N D G J W Q K U X V V M K G I I E O S T S J N
A K C V D Q Z U A S D N O A P M E J E Q Z U F P I I W G T W S J D P U
V S S J F P K E V K F F U O I F L C U V Q H C M Q V P X D E I F U Q U
R G X S N J U W Y M X E U T O L J A J V Z M Y X K N I A A W W P F
X I V Q N F S T N M U G L A W F W V Z G B Y N M A R I C I C E I S
  R M H P E P I D J Z P L L V C A B E Q Q X I V U Q H G K G G T
  I R D T M L D A U L G A U I Z G Z T O D V A X X D H K P R E P
    T Z J T Z L H S O T Z R M V E S I U O L R O L G Z L C M Y
    R T V V F M I M G F V A D H E A H B E U S Q S Z N Z S H C
      L Y F S Y A N Q F P I H I N L W D G M W R Y R R U E L
      U R X J Y L G W W Z R I G H L C M D W C P X S J J
    W J L W D U D K Y Q L U R L J E W M W L J I M T K
      P W F S H L S M J R S W F F M B M F V I D W L
      W W Z K Q Y N O G O Q J Q T R W I E E D P
        M R Q L T M R I L O S O N V S Y N P W
        F S L J G K I Z G I R G P T X G A
          V G C P L L R A J M M A E F W
          H U D R E Y B G C F I D N
          E N K E H E N O I N U
          S H O I N X N Z L
          N S J N U X T
          K D I B M
          W W S
          D
```

WORD LIST:

ALGOMA	LAKE KITCH ITI KIPI	PETENWELL	UNION
BELLEVILLE	LEECH	RAINY	WINNEBAGO
DELAVAN	LONG	SNELLING	WISSOTA
HUBBARD	LOUISE	TROUT	

Famous Fishing in Arkansas, Louisiana, Missouri

LAEK OF ETH RSKOAZ

_____

RAEVEB AKEL   _____

ACLHAYFAAAT ISBNA

_____

ALBET CKRO EAKL   _____

AEKL IDLOWLMO   _____

CSEAUALIC KAEL   _____

CRNERTU RRVEI   _____

KLAE RADLEADLEN

_____

EDOOLT NEDB EVRIREOSR

_____

EKLA EMMALLEU   _____

RNAIOGR VRIRE   _____

NDARG LEIS   _____

YEBLRIT PAKR PDNO

_____

AELK COCHIT   _____

SODNEENRH LEKA_____

Famous Fishing in Arkansas, Louisiana, Missouri

```
N G T I T U D G D Y A Z R F F T V B P Q H J T B D E O S P L W R Q V N V F Y I H
E M G U S B M L Q G U P E R S G W K N N D T M Q O L H S Y C S X X P I B L J C F
R S P F Y Q Y X D O F M P F A M N W U A P I T N C L R B W P I I S G B F R Z M P
N D F X Y U M X Q C Q L O V L F P K U Q V K Q V V E J A D R P Y X V R D N O O I
T H E X S J G U V P W C E Z F A X V Z M H P Z G P N N J Z H T R L B U X U F X J
R Z J R E K A L R E V A E B A T L I C Y R A A J P A X H I C W K J V X F U D H Q
E R V X Z F X T D H M M C P R A W W K X Z M A I N D K L H Q T U E I S A C L A C
B E N S R F S A D E N K T T S N M T R U V Y L C Z R T G S U V Y D L S V S H Y J
U I Z H I W G K R C A V U O L Y H R H B O P U E E A E Q P J P N O Z F D G E F W
D S F X O Q N S E X N Y N P L I Q Z I L B R P U C D M R S R Q F O I W T W F O R
W K H D I E H H N K T X P P N E X J U T R V Y R S E A M C U I K X V A M U I L G
K N G A X A Y G Q C T L Q Q O V D T B E Z Z C E M K Y Z J E W O O K P O G V O A
X C H N T K F R T Q Q D I O N U L O N S Q H L L W A B R E J J J P E Y I I K U C
B M A A C K H U P T I U K W I Q T B S E E O J Q L A M T D Y Z F Q Q C Y M P S
P U O O J X H N A I H Y W D D M R S M E M F U G D Z L M B T E X B K I R E X C W
N W C Y K K N A X S F W U H D I Q G U F N D N M Q U E W O J B P P T W L W I M M
V H B Z N T P V F M M I R H V R D N U Q I D T L F Y O S A V I M Y I L A E P F T
O V V H M H P H V A D K D E P B H M Q T F A R S V Y J V V D Y W T E K G A S M C
B C A G Y T R N H V L G R G T G B U J K M N P E F U O I S F D H M V M C P M V W
C V D Y B M T A O W T A P P S M U P Y Y O Y K Y S R T X U Y S U J B Z G A S Q L
S J M L K Q I R D X Y D Y Q D V T B W S P N G R V E H O D C A J K Q H O F O B A
V K V I W P O N V B Z K R A H G A M R Q C O I Z G H R B D M Q O N M A P A J F K
M I Y B D L D C I X P P T V B X L E T N Z U A W A W R V E J S S G J Q W C G T E
O Q X E F M R N L R Y Q R S F A D U X D G O X L W C M K O P I F H Y Y V X Y H O
I A Z R L A B P X B B F A Z A N S E V N Y T K C S K A S O I P J D N N H L N X F
Z K T T C W E L L D Q Z Q L E F U I T D B A N H L L A U F M R Z J L J C G P D T
F Z T Y B J S S Q G N Y Z H S D J I N O B E Q E H X R S O M X R N F N H M S Z H
Z Z H P J X R N V O I F M V P S T D W L V M H M Q W V S P P Q D K H I H W C F E
R I M A H X D E W V B C E X R L E C H P D H U U V S G X E E A C O W M R R Q Y O
U M T R V B N X V T A B L E R O C K L A K E G C C L N W X Z G M A L Q E Y Y U Z
A V D K D N D J E I O F G M C S U C G K F N R V R M P C O Y L X V K I J U Y S A
U N Z P W C L V B U R K B E R U W U E U E J A F B V S F F P C V O K N V H X O R
N Y U O L D V H N B C G S H X P V B Y R H R N D U B P Z V U K I S W Z Y G T U K
V J L N A O T L M A Y E N L G T W R Z Q B U D L N P S M C O I V V W C H P X X S
F W V D W D R Z D Q B N I I N X M P Y K D T I L E R K N R T O C I H C E K A L X
P Y X N Q X R R E T Y N R E R N W J Z W Z Y S D I U U S K M P D O F S J O P H U
L U J C H M H A K G P X Y H A A C R M H Q Q L V M P T E R F U E S Z H J R L U J
D W Y H G Z O S N L X M I M L E O W R E R W E P E K D N A S R I I A T E H D A B
M B P J E B P V I C G I V Z P R W R K L D B Q U C S C Q D T Q O L Y G V C A C Z
S B G W O O H X M X C Z P N L S A H O N X W L Z G Y C X D I X B F R R M A E E M
```

WORD LIST:

ATCHAFALAYA BASIN
BEAVER LAKE
CALCASIEU
CURRENT RIVER
GRAND ISLE

HENDERSON
LAKE CHICOT
LAKE DARDANELLE
LAKE MAUMELLE
LAKE OF THE OZARKS

LIBERTY PARK POND
ROARING RIVER
TABLE ROCK LAKE
TOLEDO BEND RESERVOIR

Famous Fishing in Iowa, Kansas, Nebraska

("Lake" is not included in these listings.)

EIWLS DAN CALKR _____

IAWO RTEGA ELSAK

                _____

NOATEDTWY _____

BHEADNCR AKO _____

QUIAHAB _____

ILFMROD _____

ARLEC _____

NHRAAL UYONTC _____

ENRLMEV _____

RTISIP _____

KLE TICY _____

TMAIAREN _____

NIKVIG _____

BADRUHCR _____

ANIMOR _____

Famous Fishing in Iowa, Kansas, Nebraska

```
                        K F M
                        D W X J
                        H P X K
                        Z C R R
                        G R X T
        W Y I B O T M       F Z U G       Z W R K F L V I
        D Z Y W L Y P J S   Z Z Z B U B O   E V V D F Z G B W V
      H F M I A K F F G L R I Q A P R W V O T B E W I Q R T A I F
      D O R T L M N H M H A Y N J N A K L B U K I Y R V R R B F K I I
      A V V G P J A D S V U V I Z N N W B L E D R A H C R U B P I O W
      D J A U M Q R A M O P Y H Y C Q F L N O I F K A N W A G V M N A X Q
    H A E N O J L L E I T T W M H Z H D A H W H G P D L M G J Z V G S E C U
    P U O W Z A N W C Z J T T E R F X A K F K R N J I L Z I G Y G M X S O P
    K Z Z Y N S O E E U I N D E T E E D E Z T R B J V V Z C B A A Z O Z B C
  Y Q F X C M N M G S F U O G Y G I O W A G R E A T L A K E S R I V N O U C P
  O R V O U K O S U R B A W A H Y W M K H K Q H H L M H E U I S P J X G E S M
  I X U Z I S I K L H K R W P Y X Z I D Q M Y W N J C W X O Y F G J R F C T A
O T N U L F O A F L J Q M C B D E I O U U M L Y U C I D N U W G X U B M I F I D
I T H H U Q O P B A G C B D H A B T S P A Q L G R I D H N W D Q F W B X M Z V X
Y E E X M Z L G W N K J E V T V O B J L B X L W Z B M Z W A B F S V Q X O L I G
M I B R X Q Z F M A Y L V A Q S D R Y L I F G Y V I M F M I S E O M S K N A W M
A N P J E S B U N U H Q U K R I W L Z A G Y C O K Z V A D J I I S K N B K K I U
G E X U J D L G D Q E S Z K Y N C A I J I E S O M R Y Z R V F L W D E P O L V J
A I I L V T S R T E V R O C G X P U Q U L F M J N X V M I B A Q L E V N F K X P
R Y C A N T W A Y Q U E A T Z U D U H K Z Y P M J Y X F W K U U J Q L O Z L R Y
R R U R L J Q X B A S K C T X D Z S C I A L P Q V F J A H U K T T J R I M J P O
J O M I Z P V X O D X N H X A H N I D X P G K F Z D M C U H W F N D T G K H S K
J O M K C C Q A X C A I T M D N T N O Q Z U P D T Z P V B L Z P H A F S C N P N
I W M X P L P A B O R N L J Y I D J V T H V F B F J M I O L N R E V L E M O
M B X C D K K N L Y D B R Q K F M P U Z S J K K M B S N K C M G C W A S T Q
E V F L G C A N V F P X P I A E D E J R R O M D G W J N B X M R G Y Y P G F
A R E L G U A C T H N E K W H G P K J O Q B X K Q Y H P X F Q N H N I Z
V O A G S S M G A C L N T A R K D E A Z R E P J O P Z Z W A P I Q Z R A
D R D S Q J D V Q R W X J P E Y N F L S S U F H U R Z B S W L E H I
B Q D O Z R L H A N S N D H K Z A F V P J E P L M A A Q A X M G T
I E B C V F O H K D F Y K J Q L B T W K N M B S E Q D E L P K K
L C M B W P N V Z J K X A C M N F E V M C J X B Q F C G U A X
G J L X X O B N J M V U Q X W B B H S E P K K C I Z T G E X
  V S E E U     B V U D B D W P I I K Z C     H K X J D Z
        Y G U J K A J M J G T
```

WORD LIST:

BRANCHED OAK

BURCHARD

CLEAR

ELK CITY

HARLAN COUNTY

IOWA GREAT LAKES

LAKE AHQUABI

LAKE MINATARE

LEWIS AND CLARK

MARION

MELVERN

MILFORD

SPIRIT

VIKING

WYANDOTTE

Famous Fishing in New Mexico, Oklahoma, Texas

HEOKC ONACYN RVREOSREI

_____

CALOLBA EKAL _____

IFTLN EKREC _____

GLEEA TSEN AELK _____

LKEA AFLUEUA _____

OEVLOLRR PSSA _____

BRNTAEYL AEKL _____

LEKA MAS RABNRUY

_____

BKORNE OWB AEKL

_____

LEAK TINOVIGSNL _____

OLEGVR VIRER _____

UAQIUBI REEVSRRIO

_____

COADD EKAL _____

HNOER LAEK _____

DNRGA LKEA _____

Famous Fishing in New Mexico, Oklahoma, Texas

```
                    H Q M W V E L M Q S
                 F X O K S Y Q U Z I Z N W N G Y
              A F N D T H B S E E X V A F N Z R R Y D
              Y B C N O U Y J V R F X I H I M C T U K X B
                 C V G Y U T N Y G S V Z D C N V K S E R J B K U B T
              A T O J A V S N I N Z S V U C G V X U U I C P Y K D Z X
           F G X K N L F Y Z K W A O Z A V S R D G V V R N Z A P D L S
           R J Y K E G P R O B P I V C O L L T B U R E B L C G M R E C Y K
           C H E T R V X R        H J E K B O F O        G M Y X M X F T
           W O M L P Y B H M       D F Q K K N L U       Q O R F S A G H J
          E G E R T D D L V I      O E D S O L I F       G M I K K G S F Z R
          J W W F N G J T T T      M Y T H O H Z K       Q P N X L C F X X M
         S A Q D W A W O S U U     F C G V R M C R       V T K O S H X E W X I
         Q Z Q N N R D E L D R     P S E F F O Z E       I W V Y U Q Z N Q L U
         K H H C S B N M X S F     Z R A C C O F Z       T E F P X K A R X E O
       R T O A D A E E A I Q F     P M A J X E F R       R P V J Y F Y R X G G Q
       N T G H L L V Z H P T Q L X G A Y Y K M A W Q P T Z H R Y J D T H Q S P D C J X
       M H M M G Y Q P R A S J Q I S F G H Y I O X C N J Z I A U I G H V R J V J X X A
       A E R A F D V P R P S F N S N V C V H L T Q N E V V A P T H B R Q R W A Y J R G
       H V E G C V O I A F X B Q R E T L Z E U M Y N M E Z A Z B T U Y Z R J K K Q E D
       F I J S T U L E C V F R K Y A J C U B W K X C R N C L U K N F O N U R T N F T J
       Y M K T K V E G E J T V E X N B B R V H M K K E U D J D C O K B N O Y K C R E Y
       O I G N Q L E E U J L W W R M G C L E F M I X S W U E T O S W M C H U A A N P H
       J U O I L S   S M H R Y U L D Y Y N F E I T I W K F D J W O T L C   T S D G H R
       E S B Y J G   R V E E J P G Y G J M H L K Z T O F F J B H D T W Y   M Q D B O O
        T C T B C   L A W U H O Q M Y R B J C Y P K T J E E M W L W   A U O Z M
        K V A W B   I J C J N Z O I V I D A S E Z A L U A F U E   Y M I U A
        K C X B N Y                                           B L Q X W Z
         Q U W A H                                            F O W G K X
         U S S M L B                                          J L B V Q L Q
          V G I F L T                                         X J R H C R T
         M G Q L S O L                                        V V O N G N X F
            Y K G U V Q L M E N G E C G I X F T A R G Q W H V K K H I L R A
            B J D U L G P H I G L P L Y P D C P A R S F V E E A Q H K D
            T B O C P D X B V E S B K N P Y B V A T H G N R C O K T
            Q J I O Q U J T I W D L K H I Q J N E C B X Q O A Y
            G H P U P V K N A X C Y Q L E P D E O J D O Q N
            H B Z I A H F T W U T D S X D W H J J L
            A L I A T C I F E Z V Z G A K J
            A O U U S C V J L M
```

WORD LIST:

ABIQUIU	CADDO	FLINT CREEK	LIVINGSTON
BRANTLEY	CHOKE CANYON	GLOVER RIVER	ROLLOVER PASS
BROKEN BOW	EAGLE NEST	GRAND	SAM RAYBURN
CABALLO	EUFAULA	HERON	

Famous Fishing in Montana, N. Dakota, S. Dakota

ESIVLD LKEA

GAECR IGLOCDOE ECKER

_____

WOT MICEINED ELSKA

_____

AKEL AEKAKWASA

OHERS TEHFI ALEK

WETLOOSYNLE VRRIE

_____

EAKL EMOITGHSE

SEONNL AELK

HIAEFRSPS YACONN

_____

KELA ATHICDS

HONIGBR VREIR

PCTALAO AEKL

MHTSI IVRER

ANYVSL AKEL

CKUD LAEK

Famous Fishing in Montana, N. Dakota, S. Dakota

```
                              I  S  R
                              L  X  U  V
                                 U  Y  W  L
                                 G  P  J  Q
                                 Z  V  T  J
         J  Q  B  Q  G  Y  R           X  N  Z  U              B  L  L  W  C  D  K  Z
         I  U  S  J  D  Y  D  N  G     W  F  Q  D  Y  H  J     K  O  H  Z  Z  F  X  B  A  X
         A  S  H  W  H  H  U  E  R  V  J  C  V  B  N  N  D  Q  R  D  T  M  Q  P  F  B  U  D  B  I
         T  L  Q  G  P  V  Y  X  V  D  O  D  J  B  C  H  I  S  H  O  S  B  S  M  F  E  S  S  U  B  P  V
         T  O  N  Y  R  D  F  F  N  S  Y  X  I  T  I  U  R  T  B  B  T  H  E  D  S  X  I  K  C  V  F  S
         C  U  T  Y  T  Y  A  C  V  Q  Z  A  J  Y  M  X  G  W  W  A  X  P  K  J  U  L  Q  Q  E  K  Y  I  A  I
         F  J  Y  C  L  L  W  K  C  A  N  U  R  E  L  K  E  O  H  I  D  H  V  A  D  H  T  N  E  P  L  A  Q  G  A  D
         G  Q  P  A  K  Q  S  E  W  E  L  U  L  W  X  R  M  I  J  O  I  H  J  Q  A  A  R  S  C  I  A  F  H  U  M  U
         T  C  T  P  L  D  O  P  S  T  C  L  Z  B  N  E  H  H  P  F  R  T  O  E  B  M  P  M  O  D  K  C  Q  S  P  P
         L  H  O  H  Y  L  L  F  A  A  V  O  O  P  G  D  V  A  C  E  T  E  N  Z  C  D  S  Y  K  N  J  E  K  E  K  Q  S  O
         L  S  Y  K  D  L  V  E  K  F  W  Q  L  O  I  H  O  H  U  N  Y  I  M  R  X  I  C  Z  S  M  I  T  H  R  I  V  E  R
         F  L  X  V  Z  E  J  Z  G  S  F  Q  R  C  L  K  A  F  Q  G  E  B  S  U  I  K  O  J  N  O  G  R  Z  P  D  H  V  I
      U  D  K  M  G  J  A  Q  N  T  M  X  T  I  J  E  I  C  X  I  N  D  X  H  C  C  V  Z  F  S  O  V  O  V  O  W  D  P  D  C
      Y  K  V  P  T  O  A  I  O  H  D  W  N  P  A  D  B  D  U  A  U  I  R  O  B  J  N  E  R  A  T  S  H  S  J  U  N  C  W  G
      X  K  K  E  Y  Z  G  N  Q  F  O  E  Y  N  A  F  Y  J  G  R  I  A  A  T  M  Z  L  Z  R  G  K  J  L  A  C  O  C  G  U  N
      P  E  P  T  V  Y  E  T  M  J  L  T  J  V  Z  P  Z  S  U  E  N  J  M  X  C  E  Z  U  D  K  A  D  O  E  Y  P  N  J  B  A
      S  D  W  B  C  R  L  U  N  A  U  X  B  I  E  W  R  P  X  M  I  S  L  C  D  W  O  H  G  N  Q  F  T  N  N  O  E  N  W  B
      F  Q  P  C  I  H  U  Y  K  R  Z  S  V  Q  D  K  I  D  N  T  R  U  P  F  O  T  L  V  F  F  L  Y  A  A  R  X  V  P  U  S
      O  T  X  V  M  W  H  E  B  F  P  N  F  X  I  D  A  J  D  K  F  N  C  N  T  K  B  N  Q  T  S  C  L  B  F  N  H  Y  I  Y
      G  U  E  D  V  V  S  R  E  T  U  P  U  M  K  M  Z  L  P  W  B  Z  X  U  D  O  G  D  C  D  H  Q  K  C  N  K  M  E  P  C
      E  R  W  T  S  E  S  A  K  A  K  A  W  E  A  D  M  L  F  A  Z  X  A  X  U  Q  X  D  Z  S  N  N  H  D  I  O  W  G  C  U
      D  O  V  M  M  L  T  O  A  H  A  J  L  G  J  W  O  L  Q  E  J  I  R  E  U  G  H  Z  I  Q  H  Z  F  U  F  H  W  P  D  D
      U  K  V  D  C  J  P  X  L  V  Y  G  P  C  Q  X  G  C  Y  O  I  J  U  U  G  S  Y  F  K  E  H  H  F  H  R  S  L  S  B  N
         X  M  G  C  O  Z  A  S  M  V  K  I  X  T  C  H  L  O  G  W  H  O  O  Q  K  R  M  T  A  O  Q  D  B  Y  R  E  Z  O
         O  K  Y  D  G  B  R  L  F  H  X  Y  B  A  J  F  Q  Q  T  C  Y  T  B  V  A  L  O  O  D  R  K  D  P  K  S  U  E  E
         L  Z  E  M  Z  L  D  I  O  Y  A  N  W  T  S  W  O  M  U  Y  G  Q  E  E  C  E  V  I  I  P  L  M  B  H  E  C  Z  W
         A  T  D  A  C  I  V  E  P  A  K  M  M  L  C  A  E  V  B  I  E  P  S  T  M  J  H  H  O  R  U  L  X  Z  G  Y
         D  S  F  J  R  A  E  O  V  Y  V  Q  H  K  H  U  O  L  K  I  S  K  M  R  N  V  G  C  A  J  O  Y  D  A  X  S
         W  X  G  S  I  D  L  C  W  D  F  P  W  E  I  F  D  H  V  W  Q  Q  D  O  Q  C  S  V  T  V  M  F  S  C
         M  C  U  N  Y  Z  M  A  I  M  E  V  D  F  E  T  M  S  C  B  E  L  G  H  H  T  L  K  V  F  P  Y  N
         Y  O  M  S  T  R  J  V  T  H  I  A  A  A  A  Y  F  M  E  L  O  U  T  U  M  Z  S  A  P  L  W  Z
            T  F  E  J  I  X  Y  K  N  H  O  X  S  Q  U  C  X  S  E  D  T  C  M  W  V  U  A  B  Y  D  A
            Q  Q  K  H  R  L  P  E  G  U  H  X  A  O  I  R  X  U  A  L  H  E  H  S  O  G  I  T  E  M
            H  M  P  L  Y     H  C  I  U  Z  H  C  S  N  Z  H  C  U     Y  U  M  U  O  H
                     N  L  S  E  Y  C  R  D  J  D  A
```

WORD LIST:

BIGHORN RIVER
DEVILS LAKE
DUCK LAKE
GRACE COOLIDGE

HORSE THIEF LAKE
METIGOSHE
NELSON
PACTOLA

SAKAKAWEA
SMITH RIVER
SPEARFISH CANYON
SYLVAN

TSCHIDA
TWO MEDICINE LAKES
YELLOWSTONE RIVER

Famous Fishing in Colorado, Idaho, Utah, Wyoming

("Lake", "Reservoir" and "River" are not included in this list.)

UQLAI CEEKR   _____

LAGMNFI REOGG   _____

NUNSNGIO OEGRG _____

ELAWRRACET   _____

KEOYELH   _____

ROOPV   _____

BMOTTASAE   _____

LKLYE EKRCE   _____

IVWNEEPI   _____

NYRGAB   _____

OSALNM   _____

NSYOEB   _____

FHSI   _____

NASEK   _____

NLOGDE   _____

NACOSKJ   _____

CEANO   _____

NOGAL   _____

TCREAR KEAL   _____

PIESRT   _____

Famous Fishing in Colorado, Idaho, Utah, Wyoming

```
                    K L U F B Z                          O A A E G M
                  E Y O D H D O Z A M                  E F D S P S B U K N
                  R L A K E G R A N B Y K              J E R I O X U M P P N B
                  J B K P E H W E T Z J A K            V B Y E O C B R A R T Q C
                  Z U U Q L M Q T R O E E D            V T M X F P T P O C C C I
                  Q S R X Y N T E I C L A U            L E B D L S E V X M I I Y
          T U M Y   S Y A T B V T T E U L L            A G O G G D O K S Y B I   E Z K R
        S N P H L C   W W R I T D W A O N F            H I Y N E Y I U A X U   G L K W H Y
        Q Q M T B L N I X R M X M M N A X S            B D S K M H X K T L F N A S X R C F
        H S E E G R O G G N I M A L F L C J A          T S E I R P Q W G G R I M S Z Z P K J
        R U J K M A Q V O F X B Z N Y A C Y Z          I G N E A P C C R G Y E H V O V T D Q
        S L T G K M N M L R W P W J U K B S H          J B Q O K U S Q W D H L T E K Y L J G
        D N X M V Y L U H J H Z L Q O E A G L          Z Y E Z D H C F G B V L B R C Q Y X V
        L T A S R A E Q W X Q T Q G Z L Y Y Z          U B I C U D Z V R B K O H P A A P W J
        L Z X K S M G H K I V L Z U V H U Z I          J U U A Y I O M G L A T K G W G N C M I Q
        R A O E A Q N M K J X G B A U T I Q U Z U L    L I B P A E Y Y E A H B Q W C N
        N F C B N X L Q H L E A N I I S C C X W X Z    D G O K F B S I Z N E M A G H L
        R J O Z T Y K O L X U K E D L J E U S R U V U  L W N N A Z Q Y W M M A K
        S L Q S G L F D S G U Z U A C C V R Z I        N B S U R U J C H K U N L
                    X R H B R I E A J A N L
                    B H Q J C E R J T E I R
        A C V K P M M H Y U J C J Q C L Q E K J A S O E K C I Q L Z I R H T
        N I X E L T V V M X P P C S O M E X T K I C O G H N D M C O I P W K E F
        E M W Y T L S D R G L V S E D L T A H O S W N N B F G M G K X A P F S T M W
        G I H O V W Z O G O H F J D N S T R H V Y O P G A M Y T I O A G B B X O X Z
        F C O P S P A S G R R N R O L Z G N W Y Y B E P O T Y A U L J D R N B U B L Q T
        E L Q Q Q V V E K L B U Z M I W V J A          O Q E R Q Y J E D G O R A H O M W J T
        E K Q L H S I F O N V B B M Q P V C T          H Y F G N S H V T B W P U N G W O H P
        X K M L Z S A S D H M U K G G Y C K E          Y L G E K Y Y Y T S P P Q L T V D W V
        L S L C O N N U F P X P E O Z E E I R          S U P R O D O I J H I E E T C U H R H
        Z I X G F Z M Y J L Z J C Y K E E Q A          O W B V K R A V M T Q N E J S I A S J
        N Z Q I N G I Q F H L V M R S W D E            T Q P H H V W H P Z D C Q S H U B H
        G G I E A J   I A X W N C S H K L J            B V O P L O C K D O B   R M B J O
        X L K P   A D L P D Y O Z S R K N              N G B O Q S P N R B K G   O N E
                  J Y C O F L O R P K Z X V            D Q A D P Q J B J R N K P
                  N M V K L T B B O L U P U            C M U A D T Q M B D Z P U
                  G S W E S Q E J P Z Z O              F Z V V W O D X W D S K L
                  Y D K O W O J S B E B D              A G A X H J U D X D O C
                  V R F S X N G H U O                  R P W E I V E N I P
                  E C M N I G                          M A T P Y Z
```

WORD LIST:

BOYSEN	GLENDO	LAKE GRANBY	PROVO
CARTER LAKE	GUNNISON GORGE	LOGAN	QUAIL CREEK
CLEARWATER	JACKSON	OCEAN LAKE	SALMON RIVER
FISH	KELLY CREEK	PINEVIEW	SNAKE
FLAMING GORGE	KEYHOLE	PRIEST	STEAMBOAT

Famous Fishing in Arizona, California, Hawaii, Nevada

("Reservoir" is not included in this list.)

OHEC NNOCYA   _____

EAKL STEPAALN   _____

EMNAKA DIALNGN   _____

CIACTAS LKAE   _____

DNWOGTO KALE   _____

AEKAN TIPNO   _____

ALKE LDE ALEVL   _____

IWDL EOSRH   _____

OTNOT CEREK   _____

ALEK AMNAOLR   _____

CVAE EALK   _____

AONAHAL ABY   _____

LAKE VEOHAM   _____

GBI LEAK   _____

STUOH TONIP   _____

DON EORPD   _____

AKEL MDEA   _____

OANK OASTC   _____

ELKA LEOLWP   _____

SATHAS AKLE   _____

Famous Fishing in Arizona, California, Hawaii, Nevada

```
                    J F P X Z E O Z Y N
                  U Q L Z W Y K C G Z V T L N M E
                W G K F I E M Z H E O V U Q C J H H Z L
              W R J T S A O C A N O K K Z E G D Y S I T D
            Q O Z J F E P Q I Q E B Y L Y H Q N B V A E U N O Y
            Q N P A F W Y X J G R A T V Y Y L T B R A R I G T I P B
          J T R R A M B K C L H O O C W V D G G M H O X T G J R O Y H
          M N L L W R T I P Y O F P C U T D V G G I A C S Q Y A B K P L S
          G W W Q K O R S S N D X I Y J K E V F X G V T O K K I V Z Z H D
        S P R R U C D X V A O O A E W Q R K X C X X C M I Z D O O I M D T U
      Z X P V K A Y C Y R D H T V S K P Z Z M W S L A N B A N D I K P K W U R
      Q X Y C R L F U P X Z S S Z V F A L P N R T B U V T N L Q V A J Y D Q O
    U M B Y T B K V A U V A O V B C S N C E I N U Q L B T A O B O H U M H G U S
    Z B J B F A N K G I C X O U B M C N H Z A Y X E F C U H Z G V N E Q K S D G
    W I L D H O R S E D I W R J L G E D O P Z S G S Y K B O C W B E Q Z P H X I
  C P X V P I I J Q E A C J D E C J I V H O H W A J Y P R L U D E E I F X Y N T M
  U B P G U Q N Q L G P Y Y E S G X P P Y H T C C N S C X A U D S E O D F C X L U
  Q D N F N X P V Q K X B F P U U X U V N N J I X O T U L B A B D A K W W V H H I
  G Q U W M I A L W P H Q C N P T Y Q Z D G P J I N D W G A K E B O N A L N O Y N
  U Y Q R X L D Y Y Q I V P O C V V A U C E J C F W H A F Y C S U B D H W D R Q R
  A F Z V L P G N N W O C O D Y A D O Z N R A B G F R H A H V V U M I K Z V R C L
  X T S E S M D V A J H X M P H J K I D P K N F R T R J O F V U W V J U S F A V H
  Q X A X Z C O M P L C D I O J G T J F L I Q B Y G J C L W W C M M L A J K L J I
  Y U J G P A K G F G A V Q G W A U W S C F S Y D C A L W E V L M I P U V U M M Z
  U L L V S V A W Y Z E N S M U A G U I F E R R K N R B Y S V S B S F G S E A S Q
    Z J I J E P P X P F J E E Z P C H H C V H J Y M O J J P N S H C I V Z Y N B
    H B S P L J T D F Z Z E K W Z P H M Y H F O C X Z Y E O X J O Y Q E U O O D
    B L Q A A K I O P C Y N U A O B R U Q T N I O P A N E A K D R I Z L Z D R N
      V M V K M Y S N W J Z Q N M O Z C F V R W D J O N W L Y J Z J J P O T B
      R O J E Q S N Q T P R M W P H E O U A A U U S T M I S L G D D T G Y Z D
        Q K V S L S H N O I F J J K K Y J P J O J M S C K U X E I Q T Y L H
        S W G D R N M Z N C T N A C V G P H O C N K R S S E E A W O G X W Z
          H R U R P N J D I R L Q S K X J F K A X X S U Z O O I W O W M W
          M M V L R U P X G E S S K M G D W M P I I K N V L N W B P X
            R W H I K Z I S V E T Y T N F E Y W D I Z Z K V I Z R N
              L U A W B W M J U K A Q B A U W C J Y U W I T O C X
                X I F Y E V A H O M B D S C A O A P E G Q M D P
                  S X U U D P A E K J D T S G R M X S W T
                    O Y N Y Y B N M A I R B P T G J
                      B E L O M V I S G L
```

WORD LIST:

ALMANOR	DEL VALLE	KONA COAST	POWELL
ANAHOLA BAY	DOGTOWN	MAKENA LANDING	SHASTA
BIG LAKE	DON PEDRO	MEAD	SOUTH POINT
CASTAIC	ECHO CANYON	MOHAVE	TONTO CREEK
CAVE LAKE	KAENA POINT	PLEASANT	WILD HORSE

Famous Fishing in Alaska, Oregon, Washington

HUMTMLAON CEHLNNA

_____

ESPKAON VEIRR   _____

KLEA LUEIOS   _____

ESMOS LKEA   _____

CANMIENUC EVRRI

_____

SHSKGPAAA RVERI

_____

LAEEG KEREC   _____

TIASKG RRVEI   _____

UIKTS RVEIR   _____

LRINAME AKEL   _____

OHJN DYA RIRVE   _____

IMYKAA IRVRE   _____

IPHS ECEKR   _____

NDDIAOM AELK   _____

IKENA ERRVI   _____

Famous Fishing in Alaska, Oregon, Washington

```
            K Y Y A W P                              K S S V W M
          H A Q J M Y P L S                        W H H O T T D T H
          R K D N O M A I D Z E                    A E I J R P N K O J M
        M I D E Q S N P I E O G T                  I A P V L F E X Z W T L Y
        R M I Z K L D Z H B J X V S T              Y V O Y D I H Z O G M U W S Y
        A L Q M R U C W K P L G D G T              V U F I T T D V R N K G G S N
    E L Q O V V F I H C X H E T S T D          N P D S V P C Z B V G A D B N N I
    U S H C Z E V M X Y M C T O C C Q K      V B O T E H P E V X H C C A Q B A R
    C H I J N A C C M I G U M V Z W C G B B C C Q W D E N P T O K Z V O W Y F
    Q T G U J Z W P N F B D D O C Z C H X F M L X T T Y U M K P W L Q Z Z G Z
    E H K O O K G E M Z Q J K M M H I X G P H Q F O X S D I B L I F D C V D S
    U K H Z T L R H I I H W J H U B W V D Z L W Y I D G T H J U J E R K Y C D
    C K P E P A E D L E V D G Z L L V S J M E O U F E N O Y V W T Z L U I E M
    C T G J L S H K S Y R Z J G W Z T P S T F M H A L R A S F G A W Y T D Z Z
    Q U O A G L E Y A M R F W I D Q S N Y K U I G D Y M I U T O H B X I V N S
    B B C T N Y X V L N T D U K G F Y O V I L F H H P K F S X U V G S J K
    W I M T X F T M U C I N A C E N E P M E R A C D D K O M U E Q V E N A
    C Q O R K Y X S G M N J O H N I O V T A O H P G Y V Q L P D J Z S Q D
      J S X B I L Z L V M C F Y Q C B J V L H Y D Q J H U Q Z T R E O Z
      C H Q P F V K P M U W L X T B Y Q P N V C D X K N K P K W K L M O
        D D L J J T E R Y V K F M N N F J M W O H C F L U H O X S G C
      W B T I G A K S A N D S K C F G O U X J M A V D Y K I B V D A
        D F E E D G J D L R I W L Z I D M A X P N N H Z M F A B G
        A K Y Z A Y B N Y B L I T B A M Z A A P Q R N E A C C X D
        K N I R O Q H B B L L M X N O S S Q I P D H E F W D S
          E B O X Y O F R V S N G T B A Y Q J V D R F L V D
          G N M H Z J L Y R A A V A G Q N O X J C X B H P U
          H A I Z F E D Q J T T S T M E T M O S X A O E
            I I U W E A F L E H J D Y C Q F A Z V Y L
            M D T T R G A A B D S P O K A N E D D
            R I D Q M K B S J H I G Z G K G B
              P L K B O A N P N Z S I E U E
              V B A L D R W V A V T Q Q
              H Z D N N D A M Q T G
              W T N T Q Y D T N
                D X E P H Z O
                Z R H I T
                  U X V
                  M
```

WORD LIST:

DIAMOND	LAKE LOUISE	NECANICUM	SKAGIT
EAGLE	MINERAL	PASAGSHAK	SPOKANE
JOHN DAY	MOSES	SHIP	YAKIMA
KENAI	MULTNOMAH CHANNEL	SITUK	

Angler of the Year Winners 1990-2016

Across

4 First name Jay, won in 2003

5 First name Aaron, won in 2005, 2013, 2015

8 First name Michael, won in 2006

10 First name Guido, won in 1990, 1991

12 First name Mark, won in 1995, 1998, 2001

13 First name Gary, won in 1993

Down

1 First name David, won in 1994

2 First name Skeet, won in 2007

3 First name Brent, won in 2012

6 First name Gerald, won in 2004, 2016

7 First name Greg, won in 2014

9 First name Kevin, won in 1992, 1996, 1999, 2008-2011 (2 Words)

10 First name Tim, won in 2000

11 First name Davy, won in 1997, 2002

Bassmaster Classic Winners since 1999

Across
2 First name Woo, won in 2000
3 First name Takahiro, won in 2004
10 First name Michael, won in 2003
11 First name Jay, won in 2002
12 First name Chris, won in 2012
13 First name Boyd, won in 2007
14 First name Alton, won in 2008
15 First name Skeet, won in 2009

Down
1 First name Edwin, won in 2016
4 First name Randy, won in 2014
5 First name Casey, won in 2015
6 First name Davy, won in 1999
7 First name Luke, won in 2006
8 First name Cliff, won in 2013
9 First name Kevin, won in 2001, 2005, 2010, 2011 (2 Words)

Which Eastern State Is It In?

Across

7 Lake Moomaw
9 Conneaut Lake
12 Buckhorn Lake
15 Little Beaver Creek
18 Cape Hatteras
20 Moosehead Lake
21 Sutton Lake
22 Watchaug Pond
23 Greenwood Lake

Down

1 Patoka Lake
2 Conasauga River
3 Lums Pond
4 Belleville Lake
5 Bantam Lake
6 Gibson County Lake
7 Lake Champlain
8 Contoocook Lake
10 Johnsons Pond
11 Lake Marion
13 Castle Island
14 Lake Monroe
16 Lake Shelbyville
17 Lake Guntersville
18 Oneida Lake
19 Lake Tohopekaliga

Which Western State Is It In?

Across

1 Clear Lake
4 Caddo Lake
5 Fish Lake
6 Diamond Lake
9 Big Lake
13 Gunnison Gorge
16 Branched Oak Lake
18 Lake Winnebago
19 Devils Lake
20 Melvern Lake
21 Spokane River
22 Lake Mead
23 Leech Lake

Down

1 Snake River
2 Ship Creek
3 Glendo Reservoir
6 Flint Creek
7 Pactola Lake
8 Lake of the Ozarks
10 Lake Millwood
11 Eagle Nest Lake
12 South Point
14 Henderson Lake
15 Lake Almanor
17 Smith River

Famous for Bass Fishing

Which state are they in?

1.	_____	Choke Canyon	a.	AL (2)
2.	_____	Clear Lake	b.	CA (2)
3.	_____	Falcon Lake	c.	FL
4.	_____	Kentucky Lake	d.	ID
5.	_____	Lake Amistad	e.	KY
6.	_____	Lake Champlain	f.	LA
7.	_____	Lake Coeur d'Alene	g.	MI
8.	_____	Lake Erie	h.	MN (2)
9.	_____	Lake Guntersville	i.	NY (3)
10.	_____	Lake Minnetonka	j.	TX (4)
11.	_____	Lake Okeechobee	k.	VT
12.	_____	Lake St Clair		
13.	_____	Oneida Lake		
14.	_____	Pickwick Lake		
15.	_____	Rainy Lake		
16.	_____	Sam Rayburn		
17.	_____	San Joaquin Delta		
18.	_____	St Lawrence River		
19.	_____	Toledo Bend		

Famous for Catfish

Which state are they in?

1.	_____	Altamaha River	a.	Alabama
2.	_____	Apalachicola River	b.	Arizona
3.	_____	Barkley Lake	c.	Arkansas
4.	_____	Calamus Reservoir	d.	California
5.	_____	Cape Fear River	e.	Florida
6.	_____	Chickamauga Lake	f.	Georgia
7.	_____	Clear Lake	g.	Illinois
8.	_____	Grand Lake	h.	Kentucky
9.	_____	James River	i.	Minnesota
10.	_____	Lake Guntersville	j.	Missouri
11.	_____	Lake Marion	k.	Nebraska
12.	_____	Lake Mendota	l.	North Carolina
13.	_____	Lake Ouachita	m.	Oklahoma
14.	_____	Lake Texoma	n.	South Carolina
15.	_____	Red River	o.	Tennessee
16.	_____	Rock River	p.	Texas
17.	_____	San Carlos Reservoir	q.	Virginia
18.	_____	Truman Lake	r.	Wisconsin

Famous for Trout Fishing

Which state are they in?

1.	_____	Alagnak	a.	AK (3)
2.	_____	Colorado River	b.	AK, CA
3.	_____	Crooked River	c.	AZ
4.	_____	Deschutes River	d.	CA (5)
5.	_____	Fall River	e.	CO
6.	_____	Green River	f.	NM
7.	_____	Guadalupe	g.	OR (4)
8.	_____	Kanektok	h.	TX
9.	_____	Kenai	i.	UT (2)
10.	_____	Kern River	j.	WA
11.	_____	McCloud River		
12.	_____	Metolius		
13.	_____	Owens River		
14.	_____	Provo River		
15.	_____	Rio Grande River		
16.	_____	Russian River		
17.	_____	Sacramento River		
18.	_____	San Juan		
19.	_____	Umpqua River		
20.	_____	Yakima River		

WORD

SEARCH

ANSWERS

Fishing Gear

```
                        Q
                     L  V
                     X  O  F
                  R  E  L  N  Y
                  H  R  C  U  P  S
               O  C  S  T  T  P  M  T
            P  P  B  U  Y  I  W  M  G  F
            O  R  X  Z  S  O  B  V  M  V  R
         S  M  S  V  Q  P  K  E  O  H  A  E  D
         Z  L  M  L  H  O  Z  F  G  P  L  L  Z  K
      V  O  M  E  E  Y  T  J  I  G  N  L  U  Q  W  P
      Z  H  Y  T  E  K  W  M  N  K  Y  W  N  R  D  L  G
   W  U  S  O  J  V  R  U  A  K  D  F  M  Y  Q  E  T  M
   H  M  N  L  X  R  K  M  X  T  B  U  R  Z  F  C  S  A  T  N
   S  R  E  B  B  O  B  X  M  F  E  T  K  O  G  S  Y  I  P  W  B  W
   U  K  Q  X  B  D  L  O  Q  V  L  F  W  R  U  H  U  O  F  B  W  S  C
   M  O  V  P  R  G  F  B  F  S  A  I  P  K  A  F  L  J  F  Q  N  P  S  R  U
   T  R  T  I  D  X  O  S  M  H  V  F  W  X  Y  L  O  L  V  S  J  R  Q  Z  V  R
N  F  I  E  Q  W  X  T  X  T  G  Y  A  Q  O  N  G  X  D  R  R  K  B  P  H  U  X
J  S  L  L  L  O  R  F  S  G  H  O  N  E  O  D  K  T  D  T  O  H  E  Y  B  W  X  O  E
H  A  U  I  N  B  I  H  E  A  C  H  G  E  E  L  S  R  W  C  A  K  T  Y  A  V  E  I
N  D  V  T  J  N  Z  F  N  P  O  C  N  N  E  Y  N  J  H  H  T  L  I  I  Z  N  H  J  O  T  Y  V
Y  P  B  U  G  G  V  J  K  R  I  R  R  E  T  E  I  N  O  C  J  Y  T  O  L  J  N  I  I  U  L  W  T  O
G  N  M  U  E  G  W  X  F  S  I  N  S  C  G  N  E  K  A  T  R  Y  I  R  L  G  A  K  S  U  D  D  W  N  M
N  S  Z  I  R  V  S  Y  P  R  U  S  Q  X  B  K  T  S  F  C  Z  N  W  A  P  Z  U  W  H  K  G  X  C  K  C  D  T
T  D  T  Y  G  A  U  J  L  S  Z  N  O  D  B  S  L  G  G  V  A  H  Z  B  M  B  T  F  S  E  Z  O  W  Q  U  H  H  Z
K  E  P  V  L  X  L  E  T  V  E  W  J  N  C  H  U  D  M  W  C  B  D  R  W  A  Y  H  K  X  F  E  O  F  J  K  G  Q  M
                        B
                        Q
                        A
X  L  D  D  F  I  W  E  U  C  R  Z  B  M  P  X  D  T  C  Y  I  B  Q  I  W  K  L  L  G  K  C  B  S  G  X  G  N  L  O  T
   U  T  G  Q  D  O  U  G  W  O  H  B  E  D  X  J  V  P  M  M  U  N  B  C  F  D  E  O  P  G  H  P  R  U  F  S  W
   E  C  F  Y  Z  O  Q  M  F  T  E  T  V  R  J  A  W  L  B  E  X  W  D  A  E  T  R  B  Q  S  U  E  Y  M  Q  K  X  N
   W  Y  U  X  X  B  G  Z  U  X  T  B  D  X  A  E  K  A  J  H  A  I  P  F  Z  M  B  D  K  E  Q  Z  A  O  B  D
   K  O  C  U  B  Q  H  M  K  J  F  Y  O  A  B  S  R  O  T  A  C  I  D  N  I  E  T  I  B  T  O  G  O  D  T  G
   Y  R  U  T  L  W  U  R  K  Y  R  E  G  P  V  N  X  T  M  N  X  V  B  X  Q  Y  H  Y  H  N  H  Z  Q
   K  N  M  L  W  D  M  R  U  W  O  G  N  O  A  A  D  O  G  R  T  E  O  C  L  N  N  X  R  Y  D  W  Z  S
   U  W  S  C  X  K  M  S  L  S  R  E  I  L  P  E  S  O  N  E  L  D  E  E  N  Q  A  A  L  M  A  B
   S  O  Y  M  B  P  U  M  T  G  N  O  R  D  X  S  E  Y  J  J  R  Z  H  O  K  U  J  J  U  X  Z  C
```

WORD LIST:

BAIT	HOOKS	NETS	STRINGER
BITE INDICATORS	LINE	REELS	TACKLE BOX
BOBBERS	LURES	ROD	WORMS
FILET KNIFE	NEEDLE NOSE PLIERS	SINKERS	

Boat Names

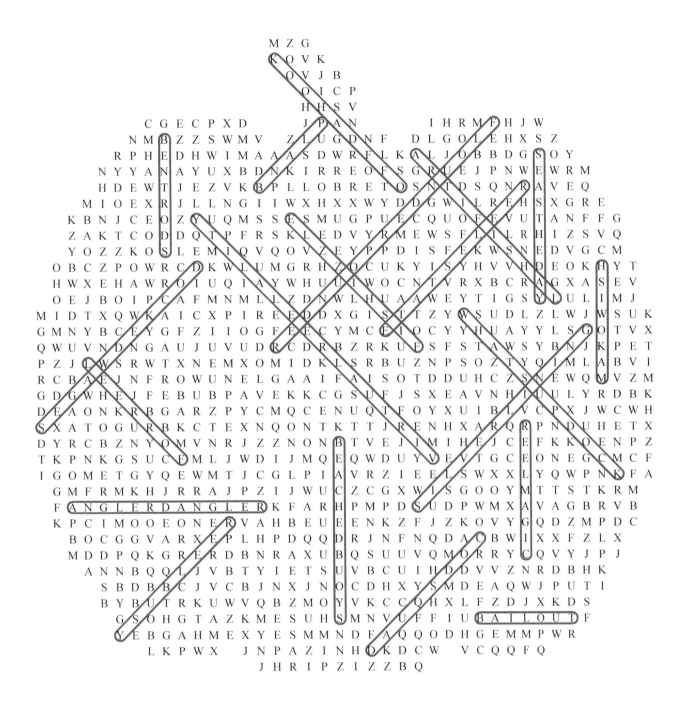

WORD LIST:

ANGLER DANGLER	COD SQUAD	MAKOWISH	REEL MAGIC
ARTIFISHAL	DOCKED WAGES	OFF DA HOOK	SEAS THE DAY
BAIL OUT	FISHIZZLE	PLAN B	SILVER LINING
BEACHED BUOYS	FLOUNDER POUNDER	REEL BUSY	VIRTUAL REEL ALITY
BENT RODS	FOR REEL	REEL ESTATE	WHATS UP DOCK

Boat Brands

```
                    J X M R Z U                                T H R K V L
                    T U H H H C Z M D                        P D Z F Y I P T P
                    P X L A A I M O F Q C                  U G J X R B Q D X L C
              U  S Y I L Z N Z B T I O F                 W T S I Y L D C J Y I T A
              P U T A R A L W B F K G B M M             A I C N M E A K L O X U Q K D
              X D R D L M S B H G T N L G B         P O E N I R A M K R A N O M N
        L B A O M L P H A B P R I A R I B         F O H S U H Z D Q R B F T W M P T
        Z F Y P I V Z J D I Q T M B X C S R       I S N I U T Z S X T D E B Z B D Z O
        C N G S Z V J N E H L R B O K C W A B A W D K U A E R T O J S L Y N Y U
        G M I A R A A I W I K F U A L U N T I Z F R A Y G D V I J V K F S C A
        Y W R R X Q U I N J G E I T M V V S D U R I A Y U Y I G W N C R W A N D
        K A U D P K X S P R L R F S U B Q W J D U N K O M K R Y Y S G V X R D D A
        U A F Y M R L C L X A A X U L M H H K J G I A V H N E A A Y R I V E Y H
        N I U H K V S I K X C A J H C S H A N S W X P K D D O L X W B U A A N G M
        X B H A P E F Z X O I X A L U M A C R A F T W E X L E A K F M J N Y I S F
        N X R W P U H K X E Y X T P N F T N Q O A B L I U Z K E P T X C W L R
        B X T X G R K N Z R E U T U Y A F W P I O S M J Q X A H A B F C S Z C
        H L J I G G I Y I B B D X T K Q I I E S B O M G Q D S F G M F B P Z
          P M I I H N Z Y A K E N Q G F H C T Q R C Y I S C Q M N J E U D G
          F F J P V I L D Y G X N U Y U C O C D V Y K L O L X O F Q B Y T L
          O L Z O L R Y C B C R L D F N X K H M K P W V K M K N B T G W
          H H H Y L M I A I D E T P W U J H L M A F T Q A X E N A V U W
          M H W W I H T F W S O H Z R P Q Z D N Y R W H N R T O E Q
          T Z N D M Z S X F C A R L O J A I P G L I G W H C X A G D
            Y B T T X K F A L T V X K U L V T C Y O U J T R I H K
            E A B X C S E J Z J Y H L G A G B F V I D J A M M
            X L B J D R L V P X V N F D K B F T B L W L F B L
            E T Q C M M D Z P E K F R B O U H P M C I T H
              S O L V I X E Q O M R U O S A V M R L R Q
              K B P Z W G S W P Z P Y W W V M K C Y
                Z I O G S P H K Y G H S D S U A W
                M S A H K C M W B L G G H Z G
                  Y C F A O U Q S A U B E P
                  K M W L X J N K S H T
                    J W A H W U B G M
                    F T P U D S M
                      L X F Y S
                      L Y N
                      B
```

WORD LIST:

ALUMACRAFT	HYDRA SPORTS	SAILFISH	TRIUMPH
BOSTON WHALER	LUND	SMOKER CRAFT	
COBLA BOATS	MONARK MARINE	STINGRAY	
GLACIER BAY CATS	POND KING	SYLVAN	

Boat Brands Too

```
                    D
                  O   E
                  H   Z A
                  W A P T O
                  I P W E Y U
                X B S I G F K P
              B C F U Y W Z T O Q
              Q E U L L D M V U Y K
              D S U Z Y U I K Q T X N Q
              T V Z Z N G W Z R C E H U X
            H G I W Z W G R H H M M E P K P
            M R C I Y Z U I Z E X P A O T K H
          Z G X T B M S C Q S J T L S O R F D G
          S P M F X T P S V O F Y L T A C T Q J X
        X Q B E A X C Q R O R G J F Y T N K I Y L J
        D T S C R U T S N O I P M A C G F V U N Y E J
      H U A F K C C C G J A G B E I M K S R E H D W P
      X E E C E O Z T F A O P C O J X M N B H C U R Q H W
    Y S B X F V R T L X R N A I Q I R N Y L W E L F N J X
    V E N B V K R L D J E G Z C I P K F Y Q E H Q Q D K Y V
  X Z T Q G N O I J H E K A B E Z G I R W K Z Y T V I E E L E
  V Q A J R V O M P G X C V T H C J P X Q A I S J N M S V D V V K
  L C D V Q D E Q I I T S A W H O E N S H Z R A D R T F A R C D L E W
  F A W K U G H Z V A F D R N Z W A C I E M J V E D M F X S H Q N G L F
A E Q G C J S F M J T K T T T N L W M Z R N X U K S P O M U D A R G W C U
J K D X Y N A Z C Z E T R U C I Y R N P S P T V A T X X O J O O L B P C U G
L G L S U H N N X G J Z K J W J G C W C F W X Y N B I Y A E Q J V O M A T E T N
                    I
                    K
                    I
P J J M V P S D S I T S H T Q X G Q F Q G N F U W I X T W E T S G E K T L X Y N
K F H P E O P Q B C W A T L Y J J U B Z S A B J N V G H U Y F K U V Y V A
O F F R T K L O K C L I Y V X P M O A J H J N S S K O N P U A Q D D W D W X
D U F S B A J R V T W M U O T N N M C Z P O X D X B Q M S R L L D U X Q
Q B Q B K R P O T Y A H K U B R T R H W T Y H R R E N I L T S E R O X Z
V C J A S K F O S N J W R K Y E B R A O M U S Q O D C Z P R Y P D M
T G I G O W F D O M F C V A K G L R W U R K I F W R V K Z A W O V S
X G V N V X M Y J A X Q M Y U T E U A D R G J V K R L M F T Y L
T Y A A M X S O N V N A Z A S X F K B V P A P W I W P U B C D V
```

WORD LIST:

ARROWCAT	LARSON	SEA ARK	WELDCRAFT
CAMPION	MIRROCRAFT	SPORTSMAN	
CRESTLINER	NITRO	STRATOS	
GRIZZLY	PRINCECRAFT	TRACKER	

More Boat Brands

U N X M U X K D F M
B G J H I O A Y C X R D K R Z P
I I F K T U Y D T N N Z R T K I C N L W
G S N K R C X I I K F I F Z R B S I A Q B K I
V Z P F M O O S S Z X K M R C E D T U W Z M V O K W
S D Q R B W Q F O H K I L F C J W T P X P X S T F P H S
W S G X R K A Y L M P N I I C R P G E X F R E T E E K S X H
W U U L R C B A X D J J B Z K M Q L G X B B N K A Q R V K R O P
F I U X U U E S   L A H W E D R S   D P T R X G S O
I A A Q D X U C F   M E V Q Z H P F   T E E T O C K N K
B O F I F X V P Y Q   E K N K G Y S A   A F B T Q C L J N T
I R X L M G Y Z N S   Q K N I J J H I   U L D N Z V A Z E C
C H E Z R R V G F C R M Q P Q R M K G   A U Q M H L L O U T U
J T A P X G Z U S E Z E U W J L A Y F   O B C Y I I O N B L J
T R V J I H Q Q O Z W E Z S V S H M W   L H T X A I A W I K C
L U E Q S C D X C R E F   L K U D X D P T   K E S W O K D Y B K I I
B F D E R B I G E M M S C K V S Y N T E Z V V X F P V N O Q N D G A W C G K S H
Z C N E H O E A L M S N A F D A G L P R V P B G G A K C U S O D X E D Z F T W U
Q B I A N X V X Q O O T I S J O H P P Z D T U P D B R B N C T Q H R D A R G J D
H J F D B O N D E Q Y H P O Y M Q L T X K R J B L D K C U Z W I S Z X I C E Y O
E G H O B N S S K Z G X A H W Q I E J V V L U X X U U J R B J I N O P Y K E I L
T H T A E O T K H T E O Q L Q Y W N V F L D G Q P N L Q X A E W P E R I Y O T K
G H A A D S P J I W C B F O P O C W A S Y H G L Q Z E E W Q T X R D O V Z B F S
R V P V C Q   Z O P N P E G U O N X U F F D C N F L N N Q L Y S I M W M F M L
H O A Y Z T   L P N Y B F Q U Y C M Q C V X A G N U I D R F K I F N V S O B Y
I B V G C   G A D K Y Z A Z S G C I W W T T X V T H Z I D U   B U Z T Z
G S R H S   G Q D H S D E T O B E T O L F S I R R A H T   A N X Z B
R U H A U W   I S K M Q Z
Z A S H V   Q V S F R X
W N K U Y M   W I M C A J D
V R Q J T U   K S V A A I N
L A I C R S E   D S M D Y T T C
S G Y I Z I I L Q Z B A D D E L Q V O F D D N Q H D D N L F U S
V Z E L E M K W V N S X P Q Y P Z Y A N F M G K S N W G Z O
E D S T F F I K S A N I L O R A C R V R F R U L U L W M
S E T Z Z B B V W H U R F G X L P S J E F U Z X C L
N O L M J Z E K H S V B X N Q E Q G C E O M K S
A X J Z D H W T N E R G L P N Z I E H D
U Z C N I G X T X Z G A W U B N
E Y C J O W U R S U

WORD LIST:

BASS CAT	HARRIS FLOTEBOTE	PATHFINDER	STARCRAFT MARINE
CAROLINA SKIFF	LOWE	RANGER	STRIPER
DUCKWORTH	MISTY HARBOR	SKEETER	TRITON

Bait

```
                    M
                  K W L
                S A B R Z
              Z U E K Y Q H
            Y W S V N J B V N
          E V Y Z F R L X C M H
        L S T E K C I R C Z K S N
          B S I Y I A X S D R T H I O S
          Q O Q F L G V S S F U O G F E B U
        I Q I L S B P P T T F W G T Y Y B B L
      I K A K M E Y N I C N O Q E V A E M Z X O
    H B A L I D D E A C X F O Q Q D R W W V P S P
  E X B T N J P E B C O R S M F N L K G W W U G F
D P F S N G C K R N U H N S R E V I L N E K C I H C E
F H M I O Z H S E R W C G E O H O V M D S P V C C X Z H N
W A I C W O X L N A A I L E B S R S M D L P Z G F K N M R L Q
Y F N Y S Q P W N F V R P H Z X Q F H J M S T S J Z E Y C J G S U
L J E T U Y D B I O L G S D E G S W C A T N A N C H O V I E S Q Q C J
G N S U Y K W J P I U X H A F I U X L X E Q U E T Y Y X B V R G Z V K H R
  Y B S D L           N F S M O               I S N T N
  D Y L P I           P E G P Q               S A J Y F
  P N R Q Q           Z O S E K               U M B G M
  K V G B V           G Y O H U               J C N R F
  U S V E W           G J C L V               R F H A A
  W L M V B           W V V T J               S T E S O
  C N N R M A K W U I U W V K P Q T Y N X B G E D G S M
  N I S U O X P S O S Y Z G J P L W P B D U A C V A H W N
  S E R J D W D K L T M M U P O V A B U L V E D A B O N
  P Y E Z U Q I U P N G V Z K G S A T P W I J K E M P G
  W E N S Z           D P K Y I T R B E M S H T F P F
  S Y N L U           X O V L G M L           N E E M
  E Z I J B           B L F W V S S           A E R I
  Q F P D T           E K Y Y G A U           V C S J
  I W S U Q           N A V K I H N           O Y I Q
  F O N B O           I Z X M X F R           S G W T
  V A W X C F P Y L N W F D G F I S O     N S M W J
  T K T C D N L A M J U L D K Z A E A       A B A A
  G Z M P D Y P I R S X P O T J L R Y       K E N N
  L B Q F Z T S E G K U J N A J B G         N J N Z
  B Z D C F V J D E S K U R I U D H R       K H S S
```

WORD LIST:

ANCHOVIES	FLIES	MINNOWS	SPINNERS
CHICKEN LIVERS	GRASSHOPPERS	PLUGS	SPOONS
CRAYFISH	JIGS	SARDINES	WORMS
CRICKETS	LEECHES	SPINNERBAITS	

Hard Baits

```
      O C S I C N                        M F V R C U
    C L R B R V W N B M                O S S P V G Y V A F
  P Q I P A A E Z A O V M            C Y N O X Y N H L C S I
  Q Y V H L W A B B S V V          G M T U J T A F B W Z N G
  Z T E F L I M Z M C L J V        R W F F R K F Q M L K E Z
  H R T B N B J M B O B S F        L A P L B C L A K P B Z I
P K Q I   D A W Q Q T E O T B E H   O K S V L S W R R C O Q   N X O F
H M C Q Q F   R I M Y   I R U Z O Y S  R E S E V G H R K C I   S C Y A R O
E I Z B R Z I G P U V P G P D H E A  D W Z T A Z G E I H Y N K Y J E N U
Z U S N E C C A E N Z Y Z D K J Z N T I D E U U S A B H G A K S G X L I B T
Q A C B E A I T N K Z Y O J O U M J I I Q P M O T M O E V P C K Q Z B U E
G A E V J S G B A N V W I A P I C I T W P N V D O E R H W R A T U E N L R O
A L Z Z E J N M I F C R X F K F Q G Y N M P L N G K O I O I Y A H L L U I P
A K Y L J J R E H M Z A Q X O W O H W W V C R A O N S L K U U E C A L S C U
S W Z Q K O X T L S F P G S B N S D J W B W M B Q G I H T G E V I O O S Q U K
R Y T N I I T L R X B H I S D Z Z X C G N I A F R K A S Q X R L R U J P W
J V A D Z Y N U Z H V L D F N I L P P V S L Z O E I C I Q X X Z X M F
C G V B K L I D T U M O T V T G B K R S V F Y F L D D C N Y I T O Z K P
Q X C T U B Q L I U H C N T N M S P O H K V O G X O L M R I F B O
      F Z W N V I H Y N Y N O
      W R R H Y X K C I Q C Z
  K T F O P X Q M A T Z U O Z K F H S E L Y O Q B U H K S B K Z X G O
  K L Y N V C Z B A U V R X N T J T F X W K E E J E T H L U N R U R X E F
T H X I U A P Z A I Q O V J V F P Z N U R J I D T E I K F F V D R V H F P A
L O I X L J V I J J T L Z M N Z N Q H Y K G R E R Q S N N A M E F P U U R
M J O Q J B Y N J J Q J L L E V O T Z L Y R T K R T D U F M M A D M X R K Y N
R C J I O W U P Y W T G R L D H S Z H   T F L M O S Z Q I C I B G Z G R K U M
O S M S L F Y W M X B Q D Y E G U K I   F K L D N R F K A K D C B V A W H U W
T P Y D Z R J O F I M K R S N W B W D   O K D M D O T F R I D G V E Y F D U J
S Z P V M O T Y V W S F W I F P I P U   X Q J J K I I Z Y L H W G N B F S J D
N D O J Y W D R F Q I T V Z S C H S B   F P J N V B P B A W Y E H J F J F F T
  G S G P U J K K M C I T L N J T D I   N F P E Q P Y Y B J G L B A A C E L
  J X H M Q I   N R I O Q N V N X I T   I Q E C Y T H G M A N   W C Y M I
    P Z J P   S T I F R Z C E T I W Y   M A L A P A R K V P C K   R V S
      Y E E W R T R K F R A Q D       V R C Z I R J A O V M C D
      S G N W D J R J C X V Q U       D X T R V Z S S L K T B G
      L O I F S Q A V H U U T O       F K I Y R H S V Z Y K G C
      R O D W L H A F U D R B         E Q C J Q Z D A J I I E
        O N E H H G T A R V           E L P W E R A L J V
          G B D C C K                   N V N F W I
```

WORD LIST:

BAY RAT	LUCKY CRAFT	MIRROLURE	SEA STRIKER
BILL LEWIS	LUHR JENSEN	NORMAN	SPRO
BOMBER	MANNS	RAPALA	STORM
LIVE TARGET	MATZUO	REBEL	STRIKE KING
LIVINGSTON	MEGABASS	SAVAGE GEAR	YO ZURI

Hooks

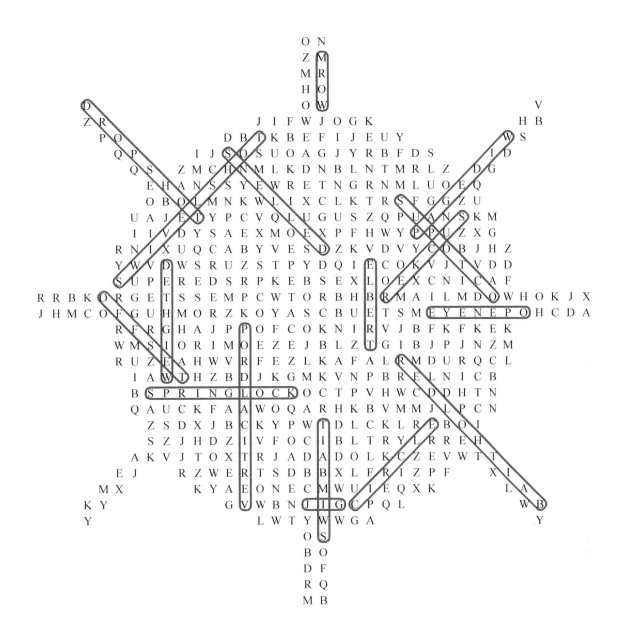

WORD LIST:

BAITHOLDER	OFFSET	SWIMBAIT	WIDE GAP
CIRCLE	OPEN EYE	SWIVEL SHOT	WORM
DROP SHOT	SNELLED	TREBLE	
JIG	SPRING LOCK	VERTICAL DROP	
OCTOPUS	SUCKER	WEIGHTED	

Lure Brands

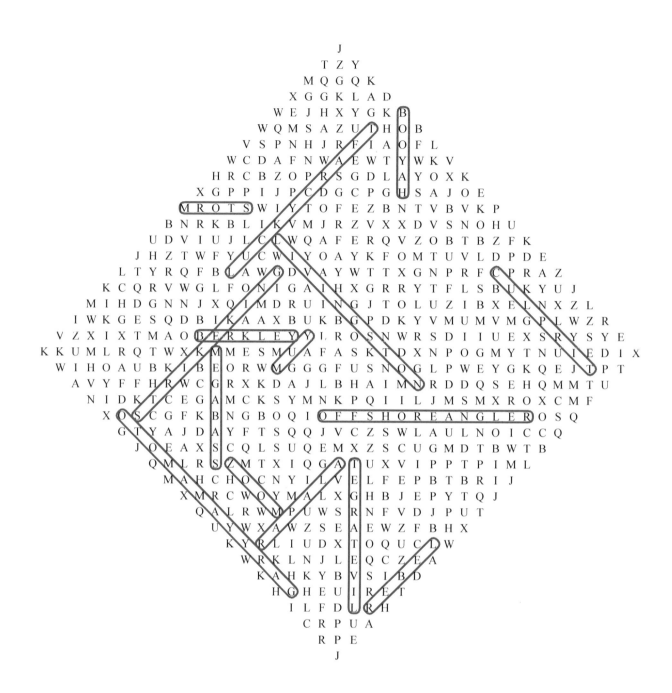

Weights

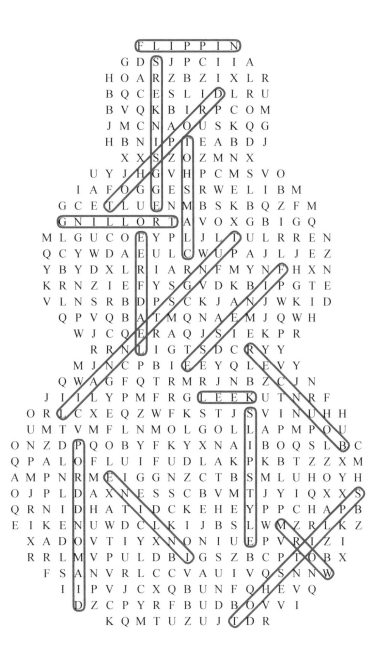

Line Types

```
                        G K Y
                        G Q J Q
                          I C N F
                        M Z N G
                        L Q A Y
        C V L I W M Q        N L E G          Y A M E A S S F
        Y N L Y H Z F T C  J M S K A Y O   B L D L W L D C G Z
        D D C V E G L S E Z M W V T M G D J A A S W R B W F I S O Q
        L Y Q K T O U D N Z A S C P Z W W C C J L V B H P H V V N H V J
        K S T Q X O B J X Y T Z X V M N X T O M F A K G R K U U A M S
        Y X U U N R M R Z A B E G L K O J O T H E R F H E X G M K B V X N L
        W Z J K Z O F A G F I T Z R S W C K V S N O P E E T X H E L H E X O I A
        A Y C I C S M Y P J V P S Y Z K D I R A R R H M R N K Z S R N U I H F Y
        D W M A K U H X E B M F Z F M P M L O G Y C L S Q Y H N A O W O R P O Y
        Y N J R H Y R W G R T H H O X N A Y B F P Q T R N T F P H A Q P M Y F N Z I
        B I B Y Y N F T M A U Z A Y W L C E G C G Y W V M E O N D C S F K Z B A V K
        U O P D Y R O Z T N E M A L I F O N O M N R P B L S A R P O U D G Z N N L G
        Q N F G B B E T L Q X I F W D I U K S N S R O E Y Y H L V B I I G P D X L F H N
        O P O N R B E F S Y S X R T S V G Z B X U T K N P K Y Z B Y X A I V P M Q X F M
        F C C D D A E Z B F N X G B J Q O A O N L S J X X P J V H Y I R J R E K X E S Y
        G G Z J M C M S U F P R E L R P Q K W P Z P S P V O J X G N A C U M O V W Z M
        O M U I N A T I T C B A Y B P N Y B N E J V X O C A M O C R K J H F C E B M R
        S V U L Y W A F T G I V Y R V N B F D X P C L D A K O O E Z O N K N H W I P U F
        L R Q G X X S T P D N N F D G D E H T U N Y H B X T I N P P W E Z B N O A M X J
        U B Q D Y T P E W U K N A P K I Q M A W V U W S A Z J U T B K T F E D T G G H L
        F X R U H N C L D W N F S B K Q S W P I H M G G T I H Z Y T B O N E A B A R M S
        Q M T A Z E B O N F S U Q B F Q K B N K Y G T T N Z S I Q I P Y G E L C O P A V
        H K V Z Q M Z Z R S G Q R W G D N Y T I C I F S S K M X O D I R C Y O L B H V B
        I A O J A E V I Y D J Y L W W L F V B H Q Z F X P R Y K L A P G O C H P J Z
        Q M G N L I T W E G T M Y H C B E X V R Q A A B O R D R D A V A U R I L H B
        Y M W I I U N B A S D S H H Y F E J F B E L H Y S S E A N W Y Y J S W N H R
          I C M F N V F J B T U L H U H F O X D U I T I T K B Q U J R M F K K B P
        U Z U I B M H H C F O X P Z F D B Z Z W J M Z S L Z J Q Q M J Z Q A C H
        C R T S S J S H R S U U A R U K Q L G C K W E I Y C N O H M T F B K
        P L R G L J I Y R B N U X Y K B R E E L E E T S S S E L N I A T S
        F U V N V D B J V J B R O T E W H D N Q Y M I U N H I T G O J Y
        M K B E J I K U T Z N C T K Q U O I O A I A K B Z U Q B J Q S
        W B W F E U H B Q R B M C J B H Z A T M Z D W L C P E H Z T
        G Y M T A    E P Q P F P B T G H Y L J    Q X Q G V L
                H A C P P I L E R I W
```

WORD LIST:

BIODEGRADABLE	LEAD CORE	NANOFIL	TENKARA
BRAID	MONEL	NYLON	TITANIUM
COPPER	MONOFILAMENT	POLYVINYL CHLORIDE	WIRE
FLUOROCARBON	MULTIFILAMENT	STAINLESS STEEL	

Reel Types

N
D
N
L Q M
C H G
X M N
X E K   I   N
Y O D   T   B
S B L   S   I
L V E Y   A   S Q
D K C K   C   Y G
Y I H I T O R
Z C Z J C   I   N T G
E G V Y M A   I   X U
N A Z O A B   L   J F
P W Y X T D X E W B S H A J I N O S B U J S N S L G W N W W C Q R P C T H E M
R B N E Q K C O U P C E N Y E E C C W R V Y A T F C O N V E N T I O N A L
Z E N I K A F L Q N L S Z F P Z F O Z J B K U O U T R A M I M M D
C J J V H T L L U E Y O C X E U W P Y V S Q I X V K N T I D
T S F K H P Y G L F W C D S N Q N K N B B H E K O R S Y T
C C S E L F M H V T J K X H P H T K J C Z V Y A F
E Y T T S I X B I D R D N C A Q L Z C S R R H
Q E O O P S C A F Y S Y M F G F E U M T H
S R A A H J I D M G C V N A D J I
O Z T S I X P F C O L I V E A
T Y S Z D N Y T H M L H J D E
O Y A P Q U G P R G X S P I H
Q N C N K Z Q I L N C I L R S
M E Q N P T I G C R M Z F W C Y Q
V F R I X E F O N Z A M E U U A G
F O X P O P P M R I V C C Q J C N
R T G W S R M N I N L V I M O O B M
K C B E H M O V L C S Q P Z M
X U H N R D O V K U O F
B W W Z I T R D Y U R D
B Z G I R I O X B S
D C D Q E F
I T F G A A
P K Z W
S B

WORD LIST:

BAITCASTING   FLY FISHING   SPINCAST   TROLLING

CONVENTIONAL   ICE FISHING   SPINNING

Reel Brands

```
X W T J V D D I I P G N F Z R R Y S U W Y Z C H H A P Q F K P Z Q H U B B M S E
D C H X L U O P G X E B W P T B Y O O U A Z X S H H S X B O J T U W W B B U W V
T P E Z C M A G T G D W K C E L E K H B N K X S X I O A H A Y R J P J R J E H R
A M C K U L Z P T P T P B B Y R S Z A W D J E P N U C T O A S B Q K F O Z A W T
A Z E Z P Z Q O R T H T B S W H S E U Z J D B Q L W X Q Y Y Z S O E D W R Z M I
O T M K T Z G X A F U M G P I M Q D R Y K L L J Z S A S W Q L N P K X N K I V W
T M V H Q D I C L J E Y O M G H Q F M C W C W R Q P I M M C E Y C R A I U Z Q R
Q F E L C O R H H Z P D A H O V O V Q G T Q H F O V Y J L X Q G E Q O N O L D K
R A C A T B O J L G E N P U L Q C R M P S V C I F X Y P Z R F F R T M G E J L N
X Z D O M N V H U N O A Q J I R B B J E L A I B S I V R I X Q D I M I F M G V S
B M A C A W V C S G J J A D B U E P N Y N N V L N X F C N K H U F T N I E Q Q N
E G Y U B E S W C M K S F A Y M Z Z B J O U E K T K J S V N U R N V R S M A R H
M M K X Q K I U Q E H R T P U Y H E P V S V Y H V C V Z A J A Q S Z C H N H Q I
R M G F M O L Z W T W E E B M F Y A L P Q X W E Y M A P L Z M N Q Y U I V J Z F
A X B L C V S E G H K L M E X U V Z H W X W I E T O U X W S N X J Q C N Q D T T
O I N V F C S G X Z M Y M E Y G H E H V D G X V F B Y H J E G Y R Q L G O T Y T
N M C N T U Y S V J T E W G G T C I B L O S Y R D E F B P N G W G W X M D T R U
W N L R T N E D R A P R I Q P T P T U Y R G Y Q W Y P N F H J I S M F A W O Y G
H F H B A E O F E B H P I E P J V Z T F S I P E M M Y S N W Q I Z M O F I B V U
I W Y P R D G E V S K Q B E Y N H M O K Q E V H V T W X P Q B G W O J B P Y D
T N V Y E X U V Z U E N U Y R J Q P Z L V T F I R L D E A B U B C H C A C F C L
S A A F P J S B P S Y G A T X I U O Q M Q W Z P S A L A E G A B V C W L I H W
R Q B J V B S Q A J K P M O P E I H B S P H P F I N V A H T W K F T B K I Y P N
U I P G E Q W X M J Q B K Q A U E A O M Y O S H E S V X T N M I F C Z F L J F F
K C D E R K G J A O E U J N K Z P I Q Y Q K F M B K E S H M Z E M H O B H J
E D E G A K L N V U M X L E R X M N P S R K C O U I E X H N C H F N O O L Q U
D I I G E P A R W A T N K P T L E A K J A X S W A H I Z X D F A P I V U L O D P
Y R Q Z P G H T R C H U N L L I X N S Q D F Q D G R H A G J B H V E N D I S O S
Y P L B S G I N R E C M G E S M Y A Q C R W L A X O Q U N J Z J L G W O Y A B V
P E Z D E G P Z K W N N M R N Z P Z H V U C Q N P Q H J T W M P P A D Q B H R E
L Q L H K M W E G A C I U R E G E U L F P R Q B I D F Z E J Y U Z O F E C L D W
B H Z O A I F M S Q K A I Z Q E I P S N Z A A F J G F W B J M Y Z F L C T F O I
W G P V H U X F C T S H X B Q V W U R T M J A B V U A M M P A M G A O L A N V P
F F H U S Y X Z B X R H M D H D V C W H U X V A R A D U J X D S S H N Z W U Y S
B B V N O G F V J I J V D W X P Y M Q S E T L D B O T E G X M J K A Y A I A E U
Y Z K R Y J E A R Z Z K S U D O Q Z J W U A C Y N X N E F K Q E D I Q A O X I
G E H F O U Z X U X A M Y X P P I N C H Q Z L X A G B L U T X A A R S L D E C Z
X T G P V B V G S B S K J D C Q P L F H K S V U S Y F Z S X H Q J K S M O G I M
D N F L K S I S P D P Z F P S P C U I L H E Q U Y V Z W E E K D Q T W V A N N Q
P R J B X P P T G O L P O V H C L L T D C P T H K Y L K Q H Q T M E Z Y D D J V
```

WORD LIST:

ABU GARCIA	CHEEKY	PENN	TIBOR
ARDENT	DAIWA	PFLUEGER	VAN STAAL
BASS PRO	DUCKETT	QUANTUM	ZEBCO
BROWNING FISHING	LEWS	SHAKESPEARE	
CABELAS	OKUMA	SHIMANO	

Rod Brands

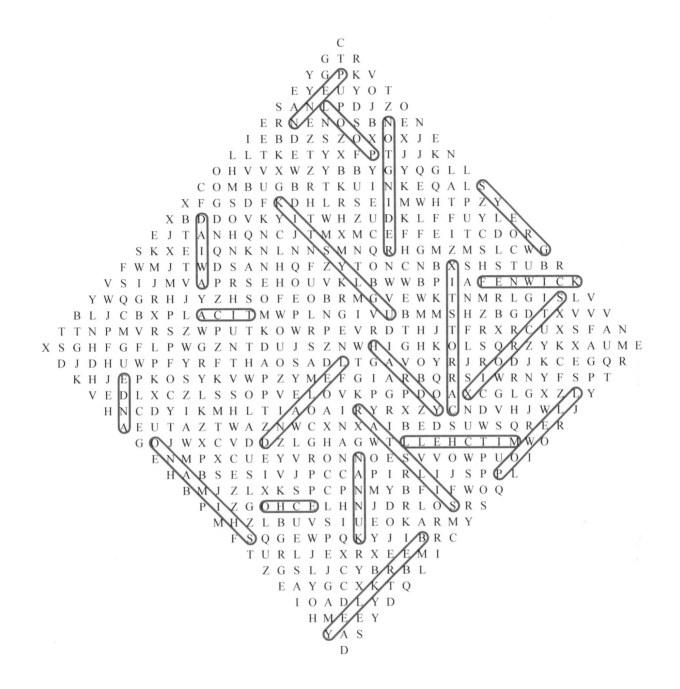

WORD LIST:

ANDE	FENWICK	LOOP	SHIMANO
BERKLEY	GREYS	MITCHELL	SILSTAR
CARROT STIX	HARDY	PENN	ST CROIX
DAIWA	KUNNAN	POWELL	TICA
ECHO	LELAND	REDINGTON	UGLY STIK

Waders

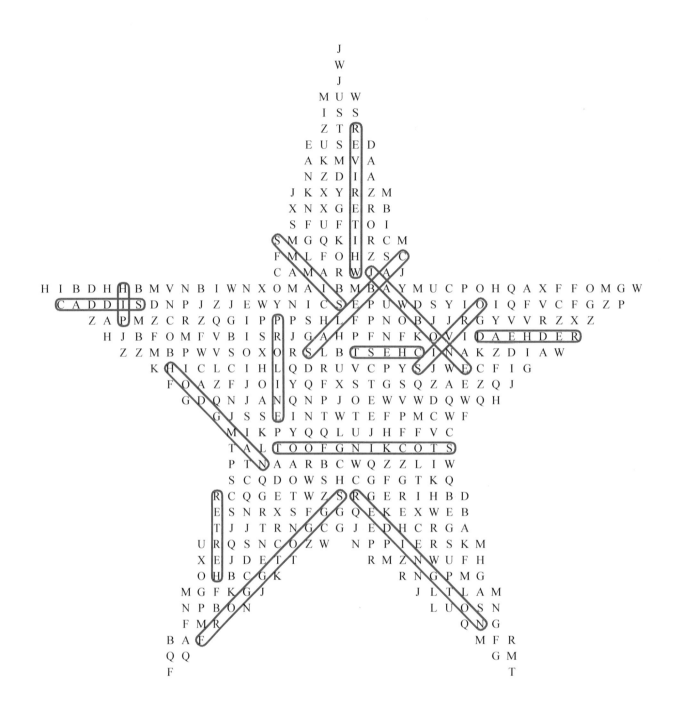

WORD LIST:

CABELAS	HERTER	ORVIS	SIMMS
CADDIS	HIP	PRO LINE	STOCKINGFOOT
CHEST	HODGMAN	REDHEAD	WHITE RIVER
FROGG TOGGS	JAWBONE	REDINGTON	

Freshwater Fish

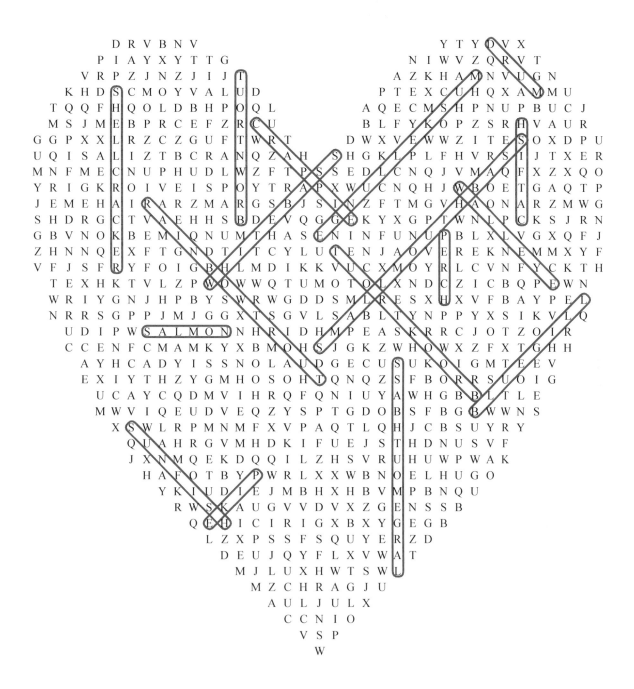

Saltwater Fish

```
        B K G N L T                              K A H Y C A
      M R H Q E S Q O W D                      N G Z R W M I J S U
      W X U P F M K A N C L G                    A F V D J D T U E C E Y
      X Y I T O W V M S E O C T                R F C I D M B L I T Q Z X
      U Q N G S R H G X Y F U Z                T Q S V T V X A M E T R Q
      L P E Y V S J I Y L T N K                S D U V D K B X M V F T S
  C F K J   X O Q I Y P G F K O W V            T I B W A W X E P A N L   E I O K
  B Q S H Y S   I F A A T R G M S W I          R O P G H U B D E N   D F K Y U I
  C M W K C O F R I J N V Y J G P D F          A R D H G O U N B Q W R S K C P F V
  C N V E G E J E U O X U G D S E B K P        G I K I C W U X C Y X K B L B U E H
  B R J D I Q T T W P B T K D D T Z E P        M F B N L D A L V D C C N A F W T T S
  O O N J O S T B E G B N L L T X X L L        M G V G R B O S G H H U O V E K K T B
  J C O N O R R K L R V I R K Q D D B D        D X A H H V I F Q S E V O U S P T Q
  U C P O E M A U H J Z F Y M U Z Y W I        O L G S X K F W O H U S H I C J W O T
  G C R V C T N D K E O E M X M T S U B P L T W V T B O B G S Y W T A I Z S Y F A
  X A L N J H A O V F U W I N L C P T H A M I H A M B K F Q O T R W P Y S B M
  V   T U C V K W K R I L I T H E Y W A P I B K Y S M B L G V J D H I D K C J W
    M F B Q E V T L I B Q T Q P Y Q N N U O V R X N J X T F E O P X V U W
      H F H J X A E M W K C T W L N P X I Q U I F F S X K A F Y J U D Q N
                    X E L Z P S J S E L J S
                    K K A V X T K C H O T Q
      M E C F H J A K L W O T A V G K L L L A M F L O R D C S X Y R Q J K
      I J R P U W V D H K Z J P R E A K U V O L Q A I J Z A Z J Q M N N V G
    Q J J O B A K A Z C W I C Q D R B O N E F I S H C N K F V T N N V P G O Z Y
      V N P H U U N S L L Y L W I P T O P E M A B K M N K A C O G W S D M I Y V U
      V U Q R S Q P U U S T D H D E M T G T I B Z U D U H G E A N K S S Q S Y N E H G
      U A N R I P E O E T Y S C H P I N N L   N T V K J I K R D J G F W A Z F A E I
      G C E Y F Z F T M P N T G E H E A U Z   F A U P B U C C E T K T J A T I O V Y
      Q D F M L O P M A J I I O F Z L I O S   G C U J C U G Y D C C C U Z Y J X X
      N V P X I M M H M G Z S F Q Y R G W N   G G W Z O J C N B T S H R Q T V Y O A
      V U H T A G Z Q B K K R N W P P U P L   Q W U F Y H Q Q K L M Y T R H Q W Q E
      Y A K S X W K Z A V E G X O R N X S     H A C B B Y G C C A U Z S S K R E M
      V R Q P W B   D K S D Z J Q L M O H     K B S B F O P H R Y E   I U R O M
      X C X M   O Z I F M P G G R L O H       D J M O D R K Z A V R F   K S G
          X G F I I X N Q U T B E J           D I G B G R Z G D D D H E
          O K R E J Z R P S C B D Y           T A I I T P G D C R W X W
          A T T Y O E H G S K P O F           O D S Q G L X O O M Z A E
          S R E P I N I K M W B N             D X S I O R W R G S O J
          P J U W I J V T I T                 R M H O S P X I S O
              L I M Q O K                       D E F W X A
```

WORD LIST:

BLUEFIN TUNA	HALIBUT	SEA BREAM	WAHOO
BONEFISH	MAHI MAHI	SPANISH MACKEREL	YELLOWFIN TUNA
DORADO	ROOSTERFISH	SWORDFISH	
GIANT TREVALLY	SAILFISH	TARPON	

Angler of the Year Winners 1990-2016

```
                          A
                        X D G
                      Y A D Y I
                    N T W R I S M
                    S A L E Y D R N A
                    K Z N E D I O T R E O
                    V N V S G V H G A T W T I
                  H K R E U Z K J C E E O T R W
                  K K N E L N M W S S F L A X X A X
                N W S J H W R X J X F M C P A A V M B
                  D N F P Z Q F D O D A Z Z
                  H K B K K Y W P N A S F V R C
                B H I K G H K V E B E T R L A Z W
                E I I V K S D S L C H O W N Z P S N I
              E E U T O L W C L T A Q Y E N K C A H C Z
            C B V X E W V M I H X T H J V A V S W B R Q Z
            G R V W A K S Y X F Q H N I H L M C Z Z O Z H E V
          G K T K U I L X B J C W Q I N R S J G J O S V A M M H
        B B O T U X W R G F Q M X Y A T E K T N W A A L Y U M T
            P O K F G Y K Y W K M L T X Z I I H N
          H U E V M V X U C B T P M V F N X B Y D X
          G G Z Z K T K A G H X R A Y A D N W I A A N A
        Q J C H Z E L B W O S X W H W L R M G G T M E G T
        T L Y J V O E R H H A T Y S C E S K A Q J G K I E J E
      V B Z W R S I R Z T U C I W L I I Z V Z Q C G C C C M P A
      A D U X G P N G R T P A A C P Y P V U H K V L K A P O P L B U
    A G E F M Q Z X J Y U O R V I N V Y S A I M G O M J B Q E Q Q M L
    Q W P Z S S U V J I X Y M N O I O G L H R D U M D K S O T B U J H C F
                        D M R
                        B R L
                        I Y R
                        H V A
                        X E M
                        Z J L
                        H H Q
                        N P U
```

WORD LIST:

CHAPMAN	HIBDON	KLEIN	VAN DAM
DAVIS	HITE	MARTENS	YELAS
FRITTS	HORTON	REESE	
HACKNEY	IACONELLI	SWINDLE	

Bassmaster Classic Winners 1999-2016

```
                        B
                      M U Y
                    V I M S B
                  J J P U J G M
                I Y V U U B E O C
              L D I F N J Y Z C W Z
            V H A S V S D B D R D H G
          F P C V S H O P K I K X L Z D
        B H O A V X T U O T C A V P B L
      M N N K F V E Q F H L R N G T O K D R
    H C E X Z K Q F L U W O E Z J R A Y B I A
    S P L J S F L A Y U A O S N A L U B P Q D C
  A X L B C W Q J P K K E S N W F R K U S P O N P J
  P J I D G G F E E D T Q W E Y T N J G Z F S M F S U U
  Z O V V T T E K C U D E N O E E V W J S O H F E K W U W J
E S J N D I E V R E L U X J L Y S X A Y U P S V Z V I I I H F
Y B V W N N Y U U M K C J F H U I J L U L L E W O H C A I A V F N
R W Y T E F P P L I G M Z A S S P W T E X J L Z E X V B B D F W C P C
H U F Q A M R N H C K E P Q A P R F F I O O C L E T J A X Y U F Y B H I
    U J S A U           H W A W D               D X F D Z
    Z B B Y I           E X L H Y               B F T N R
    B H I S J           I H K K N               W F A T N
    E F I Z O           V W G J D               X Z H K K
    R H F M T           V O E X R               I P T S
    P C S H G           M Z W U A               G T D N R
    U O C G A U N B Q G Y Q V G R T H K E G N R E I J J B
    M T L V Y P C K M Q A M C E L R X D J T F E Q A Q V Q
    D H L E P O H X F D E A A Y H U M I G L U H S X Q X D
    B W N D M I L E W Z E D Y L R Q I S M R J F G E I U F
    S E S O A           N U R I W T Y T B F P N G N X T
    Q Y R A E           A L I V D P I           Y E O P
    W I P H Z           V H H V W J R           D N I J
    P C Z S W           G Q U G C V H           K H L I
    T X T D S           K G Q L R W Y           S F X M
    C L Z V O           B I A J N H Y           B F T O
    G J V J K L M Q B O R I U M J T O B     G   F O O P
    T J F X R W J O G V M S X F T P O Y         M T V B
    R Y K K J F Q X B L E A M O E F G U         Y L R X
    P M V P T D I B M N O Q O K V W M D         U U E X
    L N R S H K P Q T E S E E R O M H K         N R P D
```

WORD LIST:

ASHLEY	EVERS	JONES	REESE
CLAUSEN	HITE	LANE	VAN DAM
DAVES	HOWELL	OMORI	YELAS
DUCKETT	IACONELLI	PACE	

Famous Fishing Areas

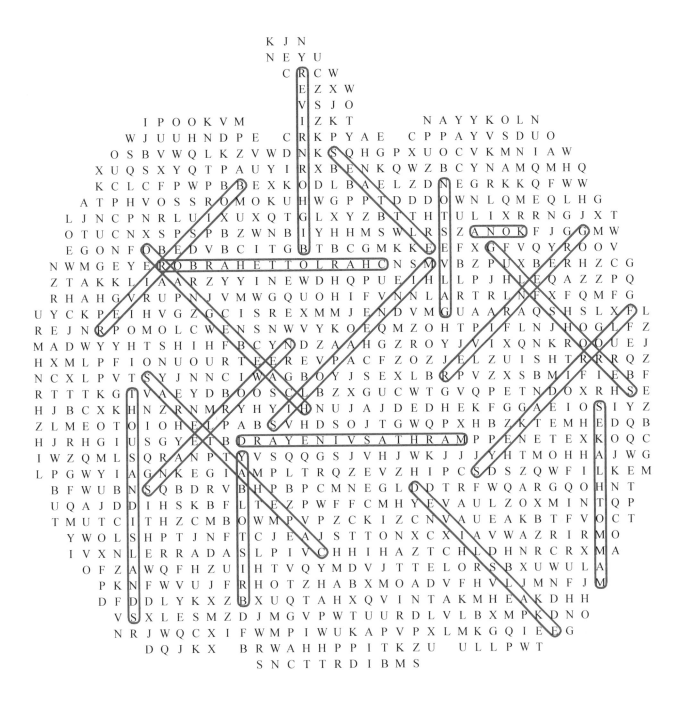

WORD LIST:

BIGHORN RIVER

BOISE RIVER

BRISTOL BAY

CAPE HATTERAS

CHARLOTTE HARBOR

DEVILS LAKE

FLORIDA KEYS

GALVESTON

GREEN RIVER

GULF SHORES

KONA

MAMMOTH LAKES

MARHTAS VINEYARD

MINNEAPOLIS

NEW ORLEANS

ORANGE BEACH

SEATTLE

THOUSAND ISLANDS

Famous for Bass Fishing

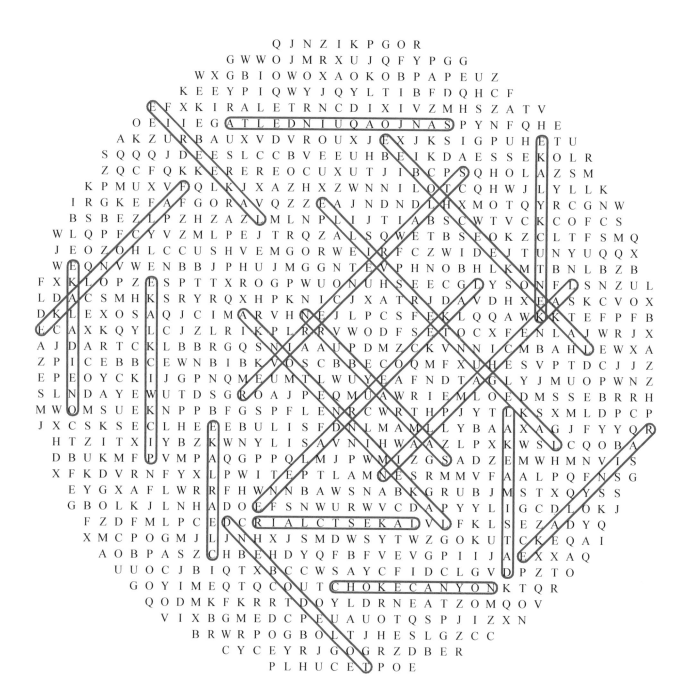

WORD LIST:

CHOKE CANYON	LAKE CHAMPLAIN	LAKE OKEECHOBEE	SAM RAYBURN
CLEAR LAKE	LAKE COEUR DALENE	LAKE ST CLAIR	SAN JOAQUIN DELTA
FALCON LAKE	LAKE ERIE	ONEIDA LAKE	ST LAWRENCE RIVER
KENTUCKY LAKE	LAKE GUNTERSVILLE	PICKWICK LAKE	TOLEDO BEND
LAKE AMISTAD	LAKE MINNETONKA	RAINY LAKE	

Famous for Trout Fishing (Rivers)

```
        H X M U X A                        C T B Z S M
      B L W M W A N L R V              H M R G H M V O I R
    Q R Q R G N L K F L A E          W R C C W F N K V W R Q
    T A D S Z L S W F T E E S        I J R V T C G G W O V O X
    X E K N F P A L Y E M A Y        P W H T A E L J E J N H D
    U Q N I L U N M X G G Y F        N X B U Q U S O E N U E T
  L C J C   B P H M Z A H Y K M P O  C H S I Y Y G Q U S W F   O V W V
  G U V S Q Y   F Q T A K A U N B G T E O W A Z C F N L D M   Q M W K G G
  T N O U Q K E D I N G A K K Y P I N S D G N N O J T V V B E S W M L I Y
  J W M Y C T X X A E G O N S N P W Z E T F L E C X G K X X O G I T L T Z C Q
  R L W H W F L R D F S T V V S J Y Z M J N B K Q I A I E U G N P T A N A B G
  C C I T O W B F S U K C U R L E L W A J L D Y U N G P O U J L U V I J Z R Q
  X P A F W B P M D G E Y H O R U B K R H V H B E R L N E V L O L P J Q N B V
  C V G T O P P E E U F N F U M J N I C L M A K S Q X U J W O B L G X Z R M N
  X U G W G V K X S V X H Y P T U Q H A G L J W T W P Y O T I E O R B H J F D V
  H Y Q C A D M F J Q M Q C I E Y U S U F K O B S H W K V G L E W P X B F Q N
  O H J S W F J F J E U A V C T S B E H E K L S X V V K Y Q M E S P S L I A B
  L F H T S W T K A S J J V I O F I Q K W W G Q X W M H U R R L N J U W S
    V P C Z X H V B D H N P G G E Q A S X R I X F V W S D Q D P X J N S
                    U R V Z D V G U O Y F H
                    P O C P A N Y S S C K Y
    O F H Y C T K G X Z I M N P B P O A B D T F M W I L X E B S B V V J
    J D M H R T V Q S J E V P G U L W F D K O L Q H N I P V V L D A O L
    P U U C O J W S I E G H Q N A U J N A S W G K U A E A Z V M R C L L T Z K O
    S D E O W N D X O J R G V M L I O V M Y E U O F G E H P S U H B A T B E E T
  M N H K M A C I Y F F S M O O L T M D S J I I B I P Y Q J A Z V G W Z C I I Q W
  R R E D D T V M L K N B H T N S V V U   G M D D R P X I D P N P H Z C S J I E
  C O V E C I O B L L E J W R U P Y I U   W W W H A L B C K A M H H O O Y Z Z J
  P G I Y E H V E T U S E E F A L L Y D   X F Q A K C D Z K S F V P I B D O X V
  B I O K S O O Q P S F K I S I O L L T   R L E I M H O L S R F R O M J O R O V
  K Z N P Z E H J N U D P Q R T E Z B I   V L Q G X T D Q M X U Y G E W I S O S
    A J N Z M O Z N W L C T E M D C H A   O Q L N T A A D Y H C W X C Q H T P
    Y L Q M A J   A C I A M U R O T K X   O S C W Y K R J U W H   Q X Z X G
    T C S K   N I B G U D O Y S M X J     M N Y R V N O Y L B T C   R L Z
        D Q S H C Y Q A Z N D J M         C E E Z E L L O L C X Q H
        G J S O Y R C A U X U D P         M W E E S A O O V R Q C C
        I G U O X L N O A G A Z O         G U R C T D C K B O B H M
        H R R O K V W G R Q J G           G V W S U G A M X Z D F
          B B J U D B W K I E             M I J Q I M I S Q P
            D M K R P V                     X X L Z C E
```

WORD LIST:

ALAGNAK	GREEN	MCCLOUD	RUSSIAN
COLORADO	GUADALUPE	METOLIUS	SACRAMENTO
CROOKED	KANEKTOK	OWENS	SAN JUAN
DESCHUTES	KENAI	PROVO	UMPQUA
FALL	KERN	RIO GRANDE	YAKIMA

Famous Fishing in Maine, New Hampshire, Vermont

```
            N P T S X M                         N P Z H S L
            J D R V S K W T K                 P I B N R Q J C V
            J Q M M Z C D Y V A G           L H B P D S M R N S Q
            F I H R E X J X I I E B U       Q C R T A Q A Q H P E K C
        T E X V Y V U Z I D V X I R U       O U W J X U K V E D R N H M P
        Y O P H F D T P B Y G K Y O Y       I K E L A B D E I S N A S P L
    E   P E M I G E W A S S E T Q P D X     L K X K M W J D L R W M E P D I R
    I D O H P D U P I L C G M E R E L C     U P C K H E X O J M V P A F C K S S
    R T E Z F C F C B C W Q O N F I W Z O N V H O L S U O E T L E V A R B B Q
    F U U W N W N L D O K J C L D W E   F F A T S G A L F L H A F E K N X X S R
    K Z O S E A M W Z T M E H S U D Z I Z E D C Z Y C M W I Y W V P M H A E J
    Z Q X X R I K O X I D Z G K F K F I N A T O L B N B I V B E R T Z B X
    L Z H F T F Z M I J X H S R C W F B U D N P I N X S R O Q E U S T C I Q Z
    Z L A K   M O O S E H E A D E R M Y Q T Y B O X K T E V N Q J N O A R I H B
    R Y X N G D E U C B Z H Z H E S C A T O I Y B K G O D R V Y J Z O M S I R
        V F I K B M O X O X N F M N N D D E Z A F W C V Z O B S I M Z Z Z C K
        A V T J J V O G F A Q A W K N Y K S I I P Z X I M N C K P Y A P M O L
        Y N M N H U A T S C Q G O X M T V U J S C D Z G A H L O L J L D A S
        R V Q R B L C N L Z G T M L Y Y H C G G Q K I A G X N O S I W V Y
        Z B L E U C I H N B D G M H Y H C I A Y W S M S R A C Y K Q J J R
        Q S C L X Y E E I H V O T R D A Q Y F U P Y E L Q L M A B F S
        O S F V L B A B S D F M G M D W R O S T A R W O M R U N O S H
        H V P L S V M A U W J M R E P Q R O D F X   R E V L I S   N Y
        E P Y I B S A H M N I T I H E J N I Z W B H E B Z Y E O F
        Q L P X K L W L G C H Q F T H C L M R L M I A E N L E
        W C C U T M A E C O A W A Q H F R A K X S N F Q E
        K Q J S G F P Z U I O R R S S J O I N Q L J R D C
        Q F X A S K Q X O B K M D A X R U M T K M D P
        J C T T O T O O M Z U Y N S D B K L C J W
        G R D V J R W U D K G Z H A K N O E Q
        B Y T N U F Y M Y M L P Z D O Y U
        M Y W K O L T E J S Z S X U F
        G S Y X T W G V Q M B T M
        Q X H A H Z U U M Z Z
        J O K R Q W Q S U
        N G I L E D W
        C Z I U F
        X S J
        I
```

WORD LIST:

BAKER	CONTOOCOOK	HARRIMAN	SILVER
BOMOSEEN	FLAGSTAFF	MOOSEHEAD	SQUAM
CHAMPLAIN	FRANCIS	PEMIGEWASSET	WACHUSETT
CHESUNCOOK	HAMPTON HARBOR	SEBAGO	

Famous Fishing in Connecticut, Massachusetts, Rhode Island

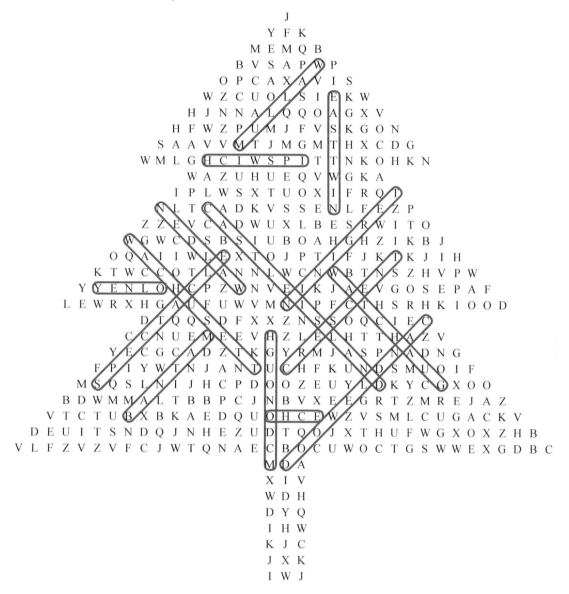

WORD LIST:

BANTAM

CANDLEWOOD

CASTLE ISLAND

CRESCENT

EAST TWIN

ECHO

IPSWICH

MCDONOUGH

NINIGRET

OLNEY

SPECTACLE

WACHUSETT

WALDEN

WALLUM

WATCHAUG

Famous Fishing in Delaware, Maryland, New Jersey

```
                              I
                           G  Y
                           M  V  U
                        D  I  O  J  E
                        P  E  C  O  C  E
                        Z  C  A  F  B  R  W  I
                     G  S  B  A  F  C  R  E  D  U
                     B  A  C  G  C  Q  Q  P  S  J  A
                  J  H  Q  B  T  N  Y  M  E  W  X  Y  D
                  Q  Z  Z  Q  V  Q  N  H  L  P  G  G  B  Z
               B  O  L  J  B  U  D  V  Q  U  K  X  Q  B  C  S
               Q  S  V  H  U  P  O  W  Y  E  R  K  A  I  D  U  K
            K  V  B  M  A  R  G  N  I  X  B  S  J  B  N  N  N  B  A
            Q  G  K  S  K  R  O  U  I  A  R  J  S  A  I  J  I  F  Z  Z
         G  Q  N  K  E  T  W  Q  T  A  Z  A  G  O  L  W  F  L  D  K  K
         I  L  M  E  S  D  H  N  Y  D  E  N  C  N  H  B  I  S  M  X  R  H  M
         Q  Q  U  R  I  A  G  R  T  P  F  I  D  F  J  A  C  Y  I  G  K  G  C  Q  G
         D  Q  C  D  N  X  Q  S  T  L  K  W  Y  A  X  R  A  D  K  W  J  B  Q  C  I  U
         Q  E  R  Y  K  W  L  O  D  N  L  J  A  W  T  K  X  O  E  R  E  P  T  G  N  S  M  X
         H  E  X  K  I  R  T  Q  D  I  J  A  G  I  E  P  V  P  Y  I  O  K  N  Y  D  Y  O  P  O
      P  E  Q  V  T  Y  J  U  V  B  Z  F  L  L  N  A  Y  N  U  H  K  U  F  C  X  F  U  C  V  V  R
      D  I  K  Q  L  O  F  C  E  E  Q  J  N  E  D  R  R  W  C  F  P  O  Q  D  X  I  E  J  L  C  E  U
   D  O  Q  V  S  Q  C  H  R  T  J  A  S  R  L  M  N  X  O  A  B  O  N  K  T  A  Q  B  Q  H  Z  W  Y  S
   B  O  N  X  E  S  F  I  N  Y  F  V  P  K  A  C  R  J  T  V  Z  B  K  K  Y  R  O  L  W  H  B  H  Z  W  Z
H  W  M  R  R  A  E  Y  E  T  S  B  V  K  G  K  F  M  Y  Z  D  X  Q  B  B  S  J  L  R  S  R  F  C  H  N  E  S
V  I  O  X  L  U  U  K  I  F  Q  O  Y  G  W  X  Z  I  Z  M  V  N  I  P  H  N  U  R  T  B  Z  T  K  N  U  V  Y  S
A  F  C  N  Z  H  S  Q  J  K  T  K  L  N  K  T  P  T  D  E  B  P  M  V  N  D  O  C  V  N  S  O  H  F  T  W  A  A  O  O
                              S
                              C
                              D

   D  E  A  J  R  U  L  R  A  M  T  C  D  O  D  E  E  E  U  B  V  D  X  H  P  K  T  I  D  F  T  O  M  A  I  Z  N  P  X  S
   E  Z  X  P  V  X  L  M  R  U  R  O  L  U  B  O  B  T  Q  B  L  L  T  G  N  V  W  G  L  U  Z  E  T  M  M  E  U
U  M  S  U  O  V  V  H  W  E  P  R  A  J  C  Z  O  Z  T  A  D  P  T  U  I  V  E  Z  A  T  T  S  O  H  C  X
M  D  M  J  F  B  L  B  N  D  L  G  X  W  K  T  G  W  R  E  J  D  D  N  O  H  S  F  C  L  B  T  W  I  G  W
Y  H  G  U  A  W  X  E  K  S  S  P  P  W  Y  W  C  K  W  X  B  E  T  P  V  D  Y  E  Q  T  M  C  W  J  K  Q
R  P  G  L  P  E  C  L  M  H  X  B  K  R  A  P  L  E  D  M  L  O  H  S  J  H  Q  V  A  J  R  C  W  N
F  E  Q  D  R  Q  K  M  B  J  B  Y  O  I  J  M  U  H  E  J  S  E  F  K  K  A  M  R  A  S  L  C  L  R
H  X  G  M  D  S  K  S  H  W  F  W  I  A  X  P  T  J  U  I  Y  W  P  C  W  Y  C  E  N  Z  R  C
   Q  R  G  E  S  L  K  F  N  Y  Y  H  V  Q  Z  V  I  R  E  U  S  C  K  P  S  L  X  W  N  V  O  S
```

WORD LIST:

BECKS	GREENWOOD	LIBERTY	NAVESINK
BRANDYWIND	HOLMDEL PARK	LUMS	ST MARYS
BROADFORD	INGRAM	MARLU	UNION
DEER CREEK	JOHNSONS	MOORES	

Famous Fishing in New York, Pennsylvania, Virginia

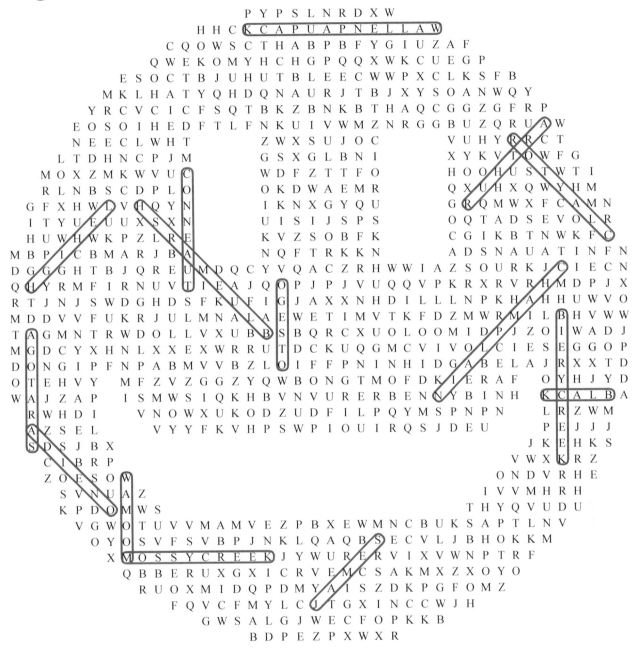

WORD LIST:

ARTHUR	CHAMPLAIN	LEHIGH	OTSEGO
BIERY CREEK	CLAYTOR	MOOMAW	SARATOGA
BLACK	CONNEAUT	MOSSY CREEK	WALLENPAUPACK
BLUE MARSH	JAMES	ONEIDA	

Famous Fishing in Georgia, N. Carolina, S. Carolina

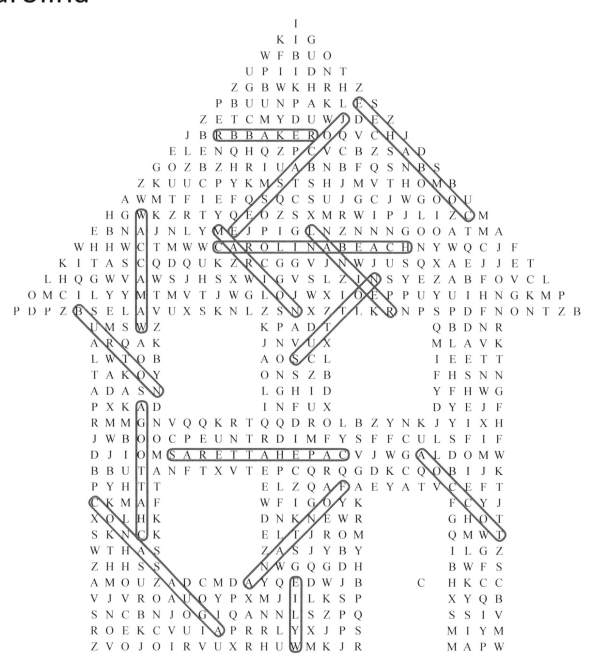

WORD LIST:

BURTON	COMBAHEE	LANIER	TOCCOA
CAPE HATTERAS	CONASAUGA	MARION	WACCAMAW
CAROLINA BEACH	FONTANA	RB BAKER	WYLIE
CHATTOOGA	JOCASSEE	SUTTON	

Famous Fishing in Alabama, Florida, Mississippi

```
              D E V O M H                        P N Z O O Z
          N C J C W Y B M B J                A Y W P I H G I D J
        V A Z W I U D O U G K E            K J T E R H G P J Y X Y
        U D Z X L A N W U L D D W        N B E D Z L O E K Q T E L
        S A V O G R B E U V V W K        R K G L N F I I W E L S E
        L Q N S O E N R Q H C Q W        B D Q E N F B A L E F A C
    G K K I   R P E U B J Z Z O X K L    T L P N W W H U B C F A   P P B A
    I D P B D X   U H Q J Y H K Z M X L    I X B D L N S C G M   S I O O O N
    D W F E X A E K N A I Q V X M B R O    I X K X O Z C D H T O X T K H D I F
  T H S Y T G C W U E O U I N P E R U U    X L T B L P H E C U A S C J U X F S
  R R Y A Z A R O V Z C R K H G U V T Y    Z M H V L Z H Z G A D H Z D Q T U Q F
  L P A O R C C O W B X O X G C D F L L    R R O W B I J Y I Q A S Y L W G S P L
  C Y A L G I U M E C Y I E D J N C G F    U M Q A V Z T W Q G N N A T C D H M D
  C I D G T X K O C G I T H B P Y B F P    S A C W N V S J K C E T C Q E U O U H
  D A Q G Z V C K T X Z E A J V P E C V R X W R Y F M U D F N G R B A J I L Y V U
  W S R P C L Z K A P F B U L E W B K K F E G H K U K S J U B G I U E V W I B
  F M R R I O L M S R Z T W K B S B F C H L H F A R F B T N E C S E R O O O R
    D V G N P P A G V E U M G O F B A T Y V R S Y P V F V C R U N P X E I Z
    G O O V K X M X B H M B D O T N Y S R B B A U T I R Y M P B N Z L X
              Z L U A D S W L B F N H
            O S P Z I J H A L X Z C
    Q W X H S W F Y A Q O L G I Z U P U C F Z O D A Z E O H F H P P G A
    A N L Q X G Z Q B V H E N O H R X E U F A U L A D G T F K S B U O L G H
    O U Z M X G G L R T R V I E X I R M G I T V I H S C I L C E N L R U Y P B
    S J T Y Y N M A S K P L K B M X J J Y A Y R M H P S L T W H E N G Q N T
  D H D T U Q S L H A T L H J Q D R N D T H F Z S I N X N Q N A S B T J Z O O O E
  B H H P M J B R O E A P D T I O K F H   U F Z A Z J R R U U K E C Z E S G S Q
  Q B C C Q D X P G C Q I I L T Q D X L   V W T F S Z O L I K R E W C V Q C R J
  C A O O R Q X W W Y B R U V U R G L U   V H N N I M H L H S U A P C A M O O B
  F N G G B F B U V K D Q Z U Y U S U N   M G Y Y O Y F U V L M N Y O Y L R L S
  T C Z C U Y B T F V C E K T B T V A Y   P J M Y I I G I S H F T G D H N W J K
    D C V B E S W S Q Q O J D S L R G O   O I M L I R L F W T J K W J S O T J
    S S I E W H   P X H N M S S Y T U Z   E R K I D L E G D K V   R B T M I
      I C R A   O S W V I R F R G G Q Z   N U O K E Z O L A F I U   P V Y
          D J M P U O W T G V X S G       K H E W V I F R E O X H O
          C T X A P O H Z H M F H U       T Z J Y M Y I O Y E Z E I
          O J G O P W F D K G Y X K       B W J G J M N O O L H E X
          U B W M I G I R L U P P           G I F G X F D U I T W O
          Q U P Z F P O Q S S               F N I O T V Y Y G T
            B G I L F R                       T W R V U V
```

WORD LIST:

BOGUE HOMA	GEORGE	LAY	TOM BAILEY
CALLING PANTHER	GRENADA	MONROE	WEISS
CRESCENT	GUNTERSVILLE	TALQUIN	WHEELER
EUFAULA	HARRIS	TOHOPEKALIGA	

Famous Fishing in Kentucky, Tennessee, W. Virginia

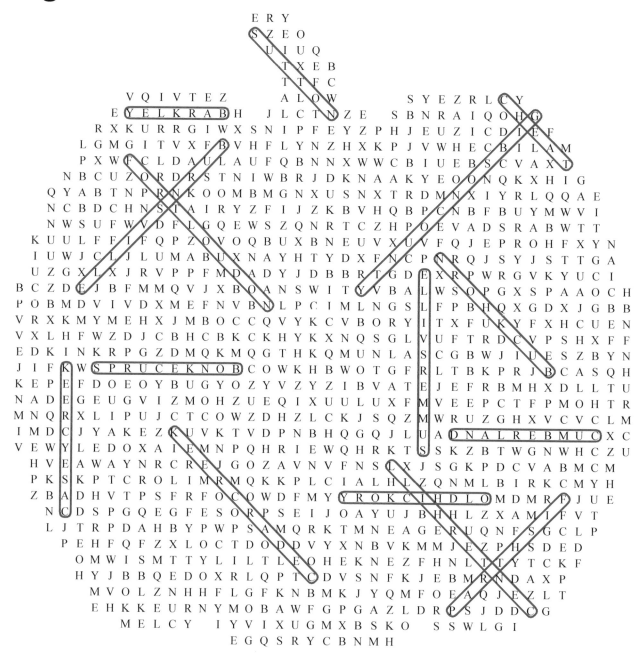

Famous Fishing in Illinois, Indiana, Ohio

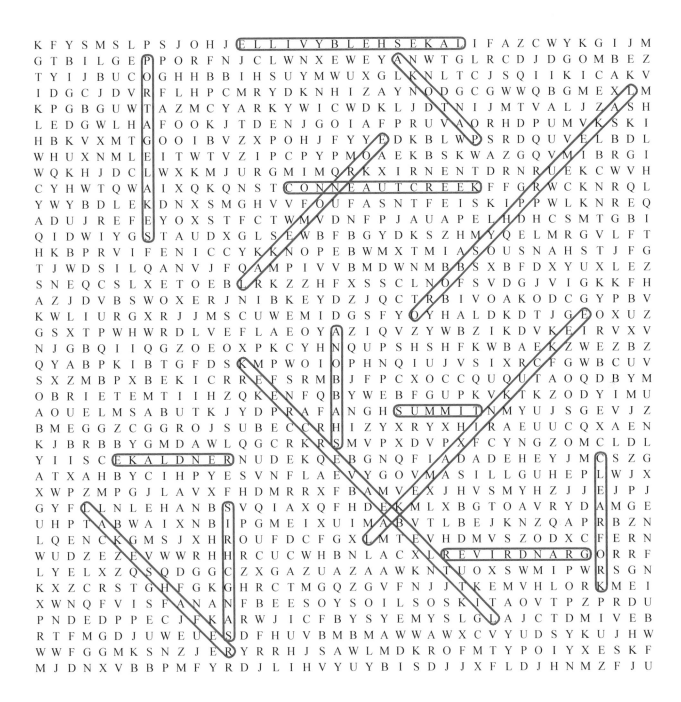

WORD LIST:

CLEAR FORK

CONNEAUT CREEK

GRAND RIVER

LAKE MAXINKUCKEE

LAKE MONROE

LAKE MURPHYSBORO

LAKE SHAFER

LAKE SHELBYVILLE

LITTLE BEAVER CREEK

PATOKA

PORTAGE LAKES

REND LAKE

SANGCHRIS

SHABBONA

SUMMIT

Famous Fishing in Michigan, Minnesota, Wisconsin

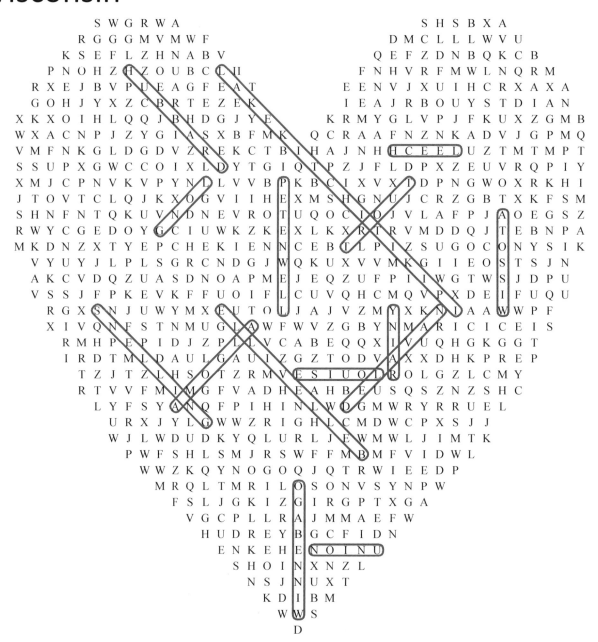

<u>WORD LIST:</u>

ALGOMA	LAKE KITCH ITI KIPI	PETENWELL	UNION
BELLEVILLE	LEECH	RAINY	WINNEBAGO
DELAVAN	LONG	SNELLING	WISSOTA
HUBBARD	LOUISE	TROUT	

Famous Fishing in Arkansas, Louisiana, Missouri

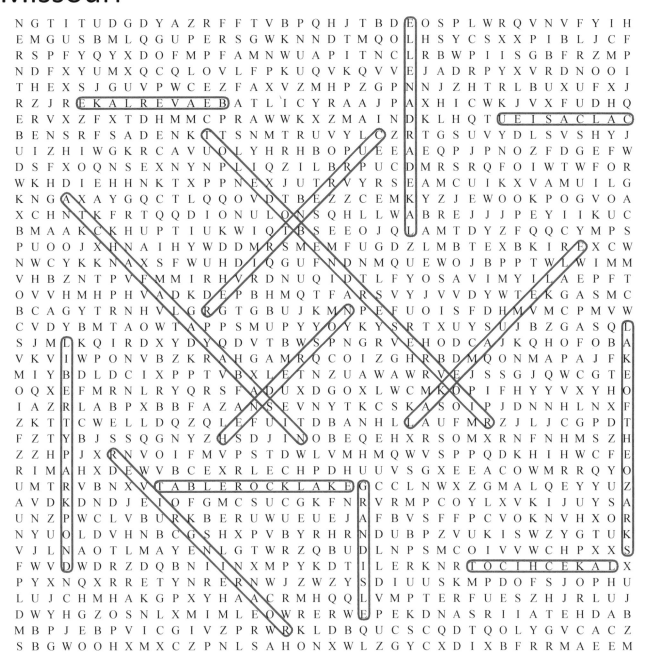

WORD LIST:

ATCHAFALAYA BASIN

BEAVER LAKE

CALCASIEU

CURRENT RIVER

GRAND ISLE

HENDERSON

LAKE CHICOT

LAKE DARDANELLE

LAKE MAUMELLE

LAKE OF THE OZARKS

LIBERTY PARK POND

ROARING RIVER

TABLE ROCK LAKE

TOLEDO BEND RESERVOIR

Famous Fishing in Iowa, Kansas, Nebraska

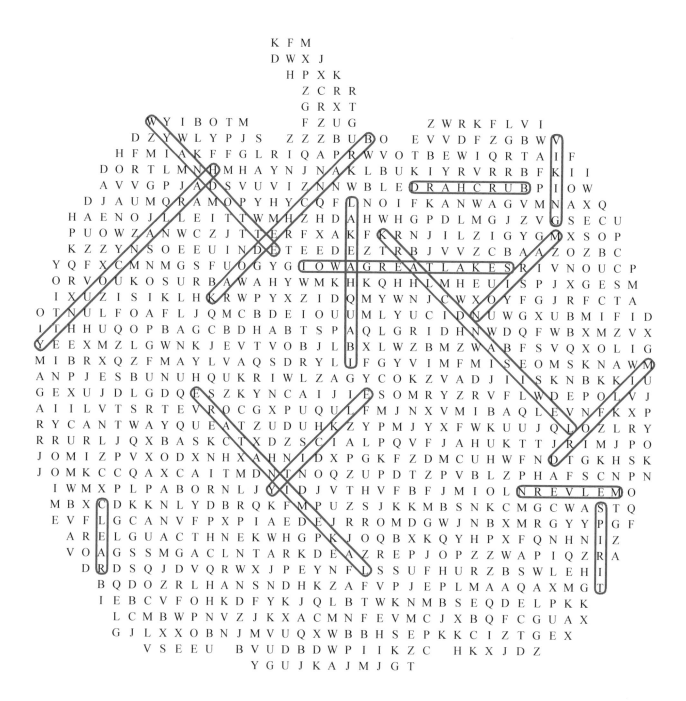

WORD LIST:

BRANCHED OAK

BURCHARD

CLEAR

ELK CITY

HARLAN COUNTY

IOWA GREAT LAKES

LAKE AHQUABI

LAKE MINATARE

LEWIS AND CLARK

MARION

MELVERN

MILFORD

SPIRIT

VIKING

WYANDOTTE

Famous Fishing in New Mexico, Oklahoma, Texas

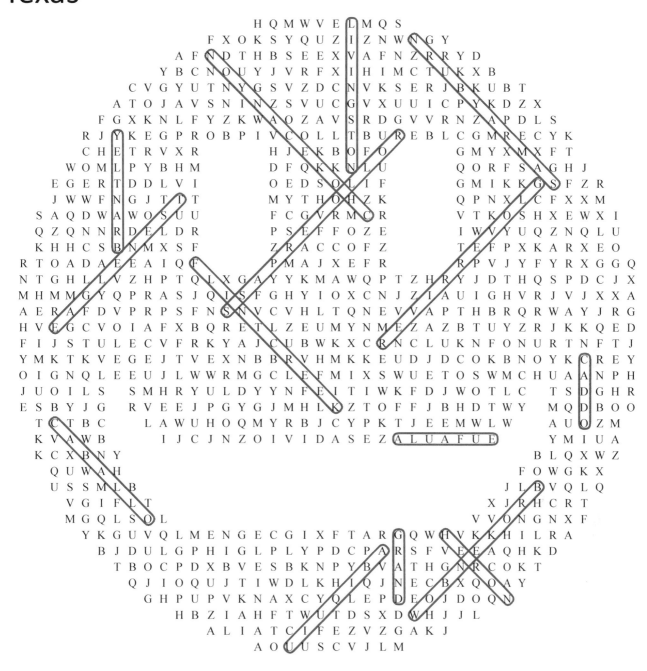

WORD LIST:

ABIQUIU

BRANTLEY

BROKEN BOW

CABALLO

CADDO

CHOKE CANYON

EAGLE NEST

EUFAULA

FLINT CREEK

GLOVER RIVER

GRAND

HERON

LIVINGSTON

ROLLOVER PASS

SAM RAYBURN

Famous Fishing in Montana, N. Dakota, S. Dakota

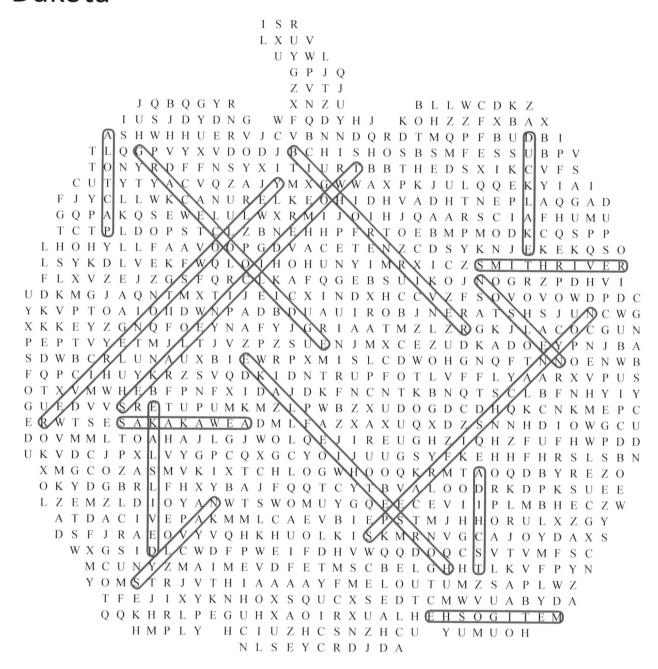

Famous Fishing in Colorado, Idaho, Utah, Wyoming

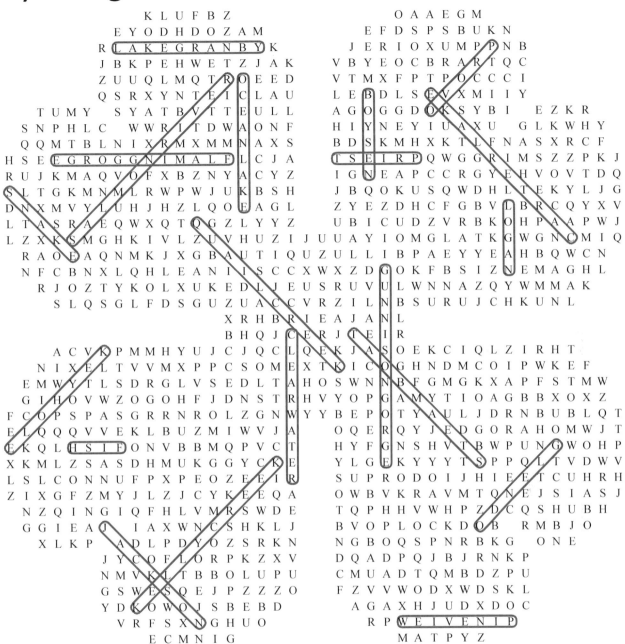

WORD LIST:

BOYSEN	GLENDO	LAKE GRANBY	PROVO
CARTER LAKE	GUNNISON GORGE	LOGAN	QUAIL CREEK
CLEARWATER	JACKSON	OCEAN LAKE	SALMON RIVER
FISH	KELLY CREEK	PINEVIEW	SNAKE
FLAMING GORGE	KEYHOLE	PRIEST	STEAMBOAT

Famous Fishing in Arizona, California, Hawaii, Nevada

```
                    J F P X Z E O Z Y N
                  U Q L Z W Y K C G Z V T L N M E
                W G K F I E M Z H E O V U Q C J H H Z L
              W R J T S A O C A N O K K Z F G D Y S I T D
                Q O Z J F E P Q I Q E B Y L Y H Q N B V A E U N O Y
                Q N P A F W Y X J G R A T V Y Y L T B R A R I G T I P B
              J T R R A M B K C L H O O C W V D G G M H O X T G J R O Y H
            M N L L W R I P Y O F P C U T D V G G I A C S Q Y A B K P L S
            G W W Q K O R S N D X J J K E V F X G V T O K K I V Z Z H D
          S P R R U C D X V A O O A E W C R K X C X X C M I Z D O O I M D T U
        Z X P V K A Y C Y R D H T V S K P Z Z M W S L A N B A N D I K P K W U R
        Q X Y C R L F U P X Z S S Z V F A L P N R T B U V T N L Q V A J Y D Q O
      U M B Y T B K V A U V A O V B C S N C E I N U Q L B T A O B O H U M H G U S
      Z B J B F A N K G I C X O U B M C N H Z A Y X E F C U H Z G V N E Q K S D G
      W I L D H O R S E D I W R J L G E D O P Z S G S Y K B O C W B E Q Z P H X I
    C P X V P I I J Q E A C J D E C J I V H O H W A J Y P R L U D E E I F X Y N T M
    U B P G U Q N Q L G P Y Y E S G P Y H T C C N S C X A U D S E O D F C X L U
    Q D N F N X P V Q K X B F P U U X U N N J I X O T U L B A B D A K W W V H H I
    G Q U W M I A L W P H Q C N P T Y Q Z D G P J I N D W G A K E B O N A L N O Y N
    U Y Q R X L D Y Y Q I V P O C V V A U C E J C F W H A F Y C S U B D H W D R Q R
    A F Z V L P G N N W O C O D Y A D O Z N R A B G F R H A H V U M I K Z V R C L
    X T S E S M D V A J H X M P H J K I D P K N F R T R J O F V U W V J U S F A V H
    Q X A X Z C O M P L C D I O J G T J F L I Q B Y G J C L W W C M M L A J L J I
    Y U J G P A K G F G A V Q G W A U W S C F S Y D C A L W E V L M I P U V U M M Z
    U L L V S V A W Y Z E N S M U A G U I F E R R K N R B Y S V S B S F G S E A S Q
      Z J I J E P P X P J E E Z P C H H C V H J Y M O J J P N S H C I V Z Y N B
      H B S P L J I D F Z Z E K W Z P H M Y H F O C X Z Y E O X J O Y Q E U O D
      B L Q A A K I O P C Y N U A O B R U Q T N I O P A N E A K D R I Z L Z D R N
        V M V K M Y S N W J Z Q N M O Z C F V R W D J O N W L Y J Z J J P O T B
        R O J E Q S N Q T P R M W P H E O U A A U U S T M I S L G D D T G Y Z D
        Q K V S L S H N O I F J J K K J P J O J M S C K U X E I Q T Y L H
        S W G D R N M Z N C T N A C V G P H O C N K R S S E E A W O G X W Z
          H R U R P N J D I R L Q S K X J F K A X X S U Z O O I W O W M W
          M M V L R U P X G E S S K M G D W M P I I K N V L N W B P X
            R W H I K Z I S V E T Y T N F E Y W D I Z Z K V I Z R N
              L U A W B W M J U K A Q B A U W C J Y U W I T O C X
                X I F Y E V A H O M B O S C A O A P E G Q M D P
                  S X U U D P A E K J D T S G R M X S W T
                    O Y N Y Y B N M A I R B P T G J
                      B E L O M V I S G L
```

WORD LIST:

ALMANOR	DEL VALLE	KONA COAST	POWELL
ANAHOLA BAY	DOGTOWN	MAKENA LANDING	SHASTA
BIG LAKE	DON PEDRO	MEAD	SOUTH POINT
CASTAIC	ECHO CANYON	MOHAVE	TONTO CREEK
CAVE LAKE	KAENA POINT	PLEASANT	WILD HORSE

Famous Fishing in Alaska, Oregon, Washington

WORD LIST:

DIAMOND	LAKE LOUISE	NECANICUM	SKAGIT
EAGLE	MINERAL	PASAGSHAK	SPOKANE
JOHN DAY	MOSES	SHIP	YAKIMA
KENAI	MULTNOMAH CHANNEL	SITUK	

Angler of the Year Winners 1990-2016

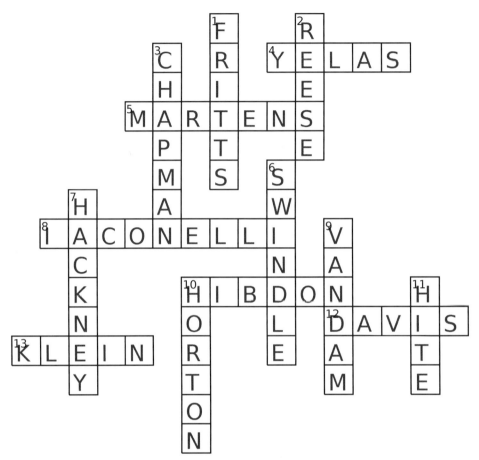

Across

4   First name Jay, won in 2003

5   First name Aaron, won in 2005, 2013, 2015

8   First name Michael, won in 2006

10 First name Guido, won in 1990, 1991

12 First name Mark, won in 1995, 1998, 2001

13 First name Gary, won in 1993

Down

1   First name David, won in 1994

2   First name Skeet, won in 2007

3   First name Brent, won in 2012

6   First name Gerald, won in 2004, 2016

7   First name Greg, won in 2014

9   First name Kevin, won in 1992, 1996, 1999, 2008-2011 (2 Words)

10 First name Tim, won in 2000

11 First name Davy, won in 1997, 2002

Bassmaster Classic Winners since 1999

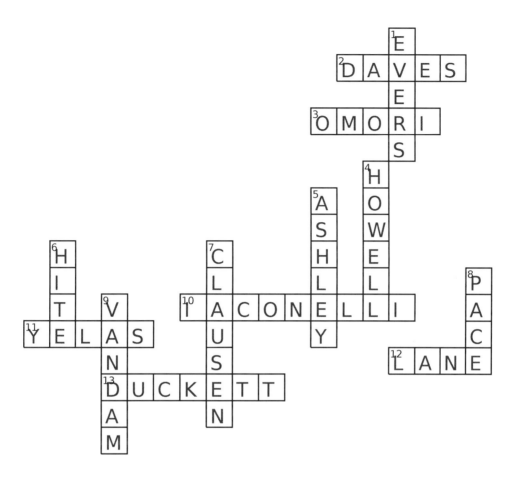

Across

2 First name Woo, won in 2000

3 First name Takahiro, won in 2004

10 First name Michael, won in 2003

11 First name Jay, won in 2002

12 First name Chris, won in 2012

13 First name Boyd, won in 2007

14 First name Alton, won in 2008

15 First name Skeet, won in 2009

Down

1 First name Edwin, won in 2016

4 First name Randy, won in 2014

5 First name Casey, won in 2015

6 First name Davy, won in 1999

7 First name Luke, won in 2006

8 First name Cliff, won in 2013

9 First name Kevin, won in 2001, 2005, 2010, 2011 (2 Words)

Which Eastern State Is It In?

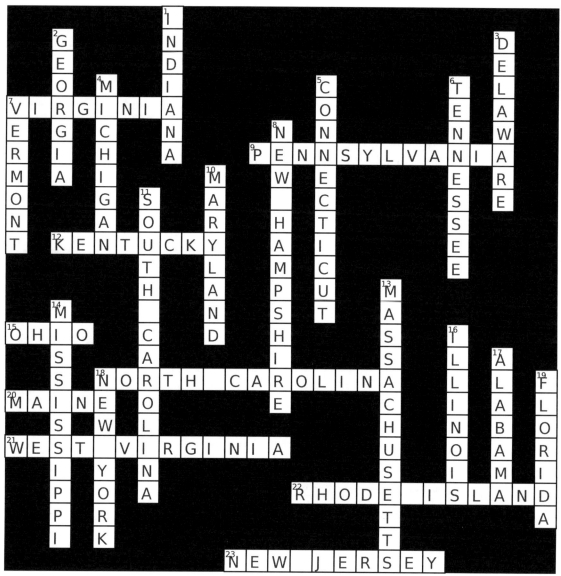

Across

7 Lake Moomaw
9 Conneaut Lake
12 Buckhorn Lake
15 Little Beaver Creek
18 Cape Hatteras
20 Moosehead Lake
21 Sutton Lake
22 Watchaug Pond
23 Greenwood Lake

Down

1 Patoka Lake
2 Conasauga River
3 Lums Pond
4 Belleville Lake
5 Bantam Lake
6 Gibson County Lake
7 Lake Champlain
8 Contoocook Lake
10 Johnsons Pond
11 Lake Marion
13 Castle Island
14 Lake Monroe
16 Lake Shelbyville
17 Lake Guntersville
18 Oneida Lake
19 Lake Tohopekaliga

Which Western State Is It In?

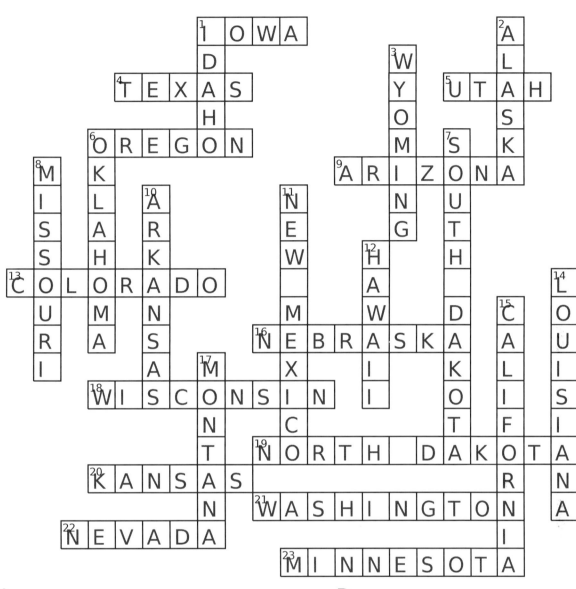

Across
1 Clear Lake
4 Caddo Lake
5 Fish Lake
6 Diamond Lake
9 Big Lake
13 Gunnison Gorge
16 Branched Oak Lake
18 Lake Winnebago
19 Devils Lake
20 Melvern Lake
21 Spokane River
22 Lake Mead
23 Leech Lake

Down
1 Snake River
2 Ship Creek
3 Glendo Reservoir
6 Flint Creek
7 Pactola Lake
8 Lake of the Ozarks
10 Lake Millwood
11 Eagle Nest Lake
12 South Point
14 Henderson Lake
15 Lake Almanor
17 Smith River

Matching Answers

Bass Fishing	Catfish Fishing	Trout Fishing
j	f	a
b	e	c
j	h	g
e	k	g
j	l	d
k	o	i
d	d	h
i	m	a
a	q	a
h	n	d
c	r	d
g	c	g
i	p	d
a	i	i
h	g	e
j	b	b
b	j	d
i		f
f		g
		j

Find more books by Emily Jacobs for your enjoyment at BooksWorthBuying.top:

Sports Word Searches and Scrambles
Word Search and Word Scramble Puzzles
All About Football

Sports Word Searches and Scrambles
Word Search and Word Scramble Puzzles
All About Basketball

Sports Word Searches and Scrambles
Word Search and Word Scramble Puzzles
All About Baseball

Sports Players from Pennsylvania
Famous Athletes Word Searches and Other Puzzles

Sports Players from Virginia
Famous Athletes Word Searches and Other Puzzles

Football Word Search and Other Puzzles
Football Players from Ohio 1920 - 2014

Football Word Search and Other Puzzles
Football Players from California 1920-1990

Football Word Search and Other Puzzles
Football Players from California 1991-2014

Missouri Sports Figures
Word Search Puzzles and More about Missouri Athletes

Word Search Fun with Football Players from California

Enjoyable Geography Lessons
Word Searches About All 50 States and Their Symbols

Arkansas Word Search – Word Search and Other Puzzles
About Arkansas Places and People

Colorado Word Search – Word Search and Other Puzzles
About Colorado Places and People

Missouri Word Search – Word Search and Other Puzzles
About Missouri Places and People

Ohio and Its People
Ohio State Word Search Puzzles and more

Pennsylvania Word Search – Word Search and Other Puzzles
About Pennsylvania Places and People

South Carolina Word Search – Word Search and Other
Puzzles About South Carolina Places and People

Virginia Word Search – Word Search and Other Puzzles
About Virginia Places and People

Washington Word Search – Word Search and Other Puzzles
About Washington Places and People

Animal Word Search - Pet and Farm Animal Themed Word
Search and Scramble Puzzles

Cars Then and Now - A Word Search Book about Cars
(American and Foreign)

Cars Then and Now - A Word Search Book about Cars
(American)

Cars Then and Now - A Word Search Book about Cars
(Foreign)

Bible Word Search (Old and New Testament)

New Testament Word Search

Old Testament Word Search

Everything Woodworking – A Fun Word Search Book for
Woodworkers

Food for Fun - A Food Themed Word Search and Word Scramble
Puzzle Book

Fun With Movies - Word Puzzles of Favorite Kid's Movies

Heroes in America – Word Search Puzzles of People
In Our History

Mandala Design Duets to Color
An Adult Coloring Book of Fun Mandala Patterns

Introducing You!
Self-Journal Questions to Get to Know Yourself

And for the little ones in your life:

Letters and Animals Coloring Fun

Made in the USA
Middletown, DE
30 July 2021